L'Héraldique

Claude Wenzler

Dessins des blasons : Claire Jambon

Editions Ouest-France
13, rue du Breil, Rennes

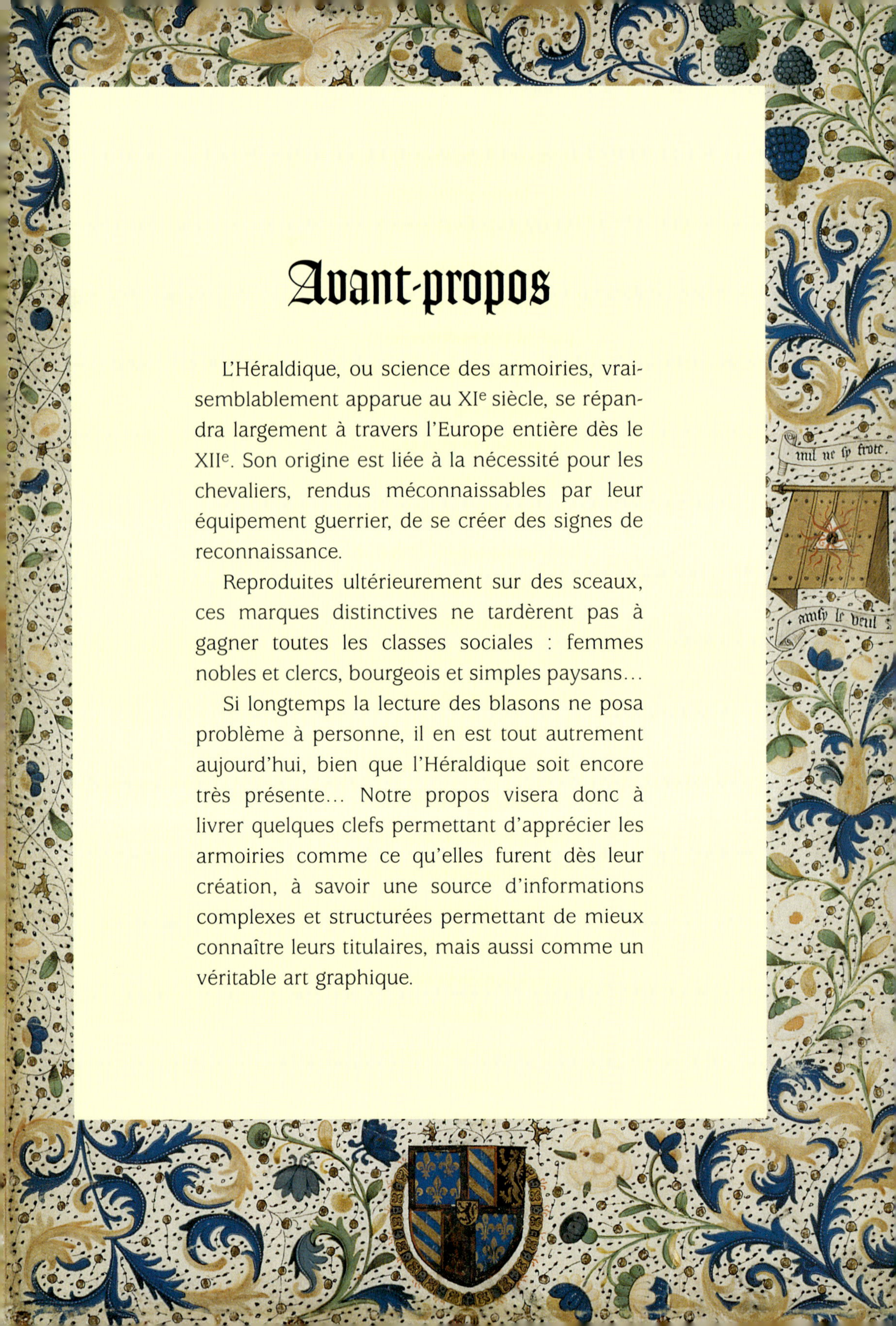

Avant-propos

L'Héraldique, ou science des armoiries, vraisemblablement apparue au XIe siècle, se répandra largement à travers l'Europe entière dès le XIIe. Son origine est liée à la nécessité pour les chevaliers, rendus méconnaissables par leur équipement guerrier, de se créer des signes de reconnaissance.

Reproduites ultérieurement sur des sceaux, ces marques distinctives ne tardèrent pas à gagner toutes les classes sociales : femmes nobles et clercs, bourgeois et simples paysans…

Si longtemps la lecture des blasons ne posa problème à personne, il en est tout autrement aujourd'hui, bien que l'Héraldique soit encore très présente… Notre propos visera donc à livrer quelques clefs permettant d'apprécier les armoiries comme ce qu'elles furent dès leur création, à savoir une source d'informations complexes et structurées permettant de mieux connaître leurs titulaires, mais aussi comme un véritable art graphique.

Effigie funéraire de Geoffroy Plantagenêt, comte du Maine et d'Anjou : « d'azur à six lionceaux d'or ». L'une des plus anciennes figurations d'armoiries connues. Cuivre émaillé, vers 1113-1151.

Origines de l'Héraldique

FÉODALITÉ, CROISADES ET TOURNOIS

La recherche des origines de l'Héraldique nous ramènera à l'aube de la féodalité, basée sur le principe essentiel d'une fidélité inaltérable (seule la mort pouvait l'interrompre) entre le vassal et son seigneur. Ce principe fondamental reposait sur un échange incontournable : le vassal offrait ses services à son suzerain, lequel devait assurer sa protection. À une époque où la force primait sur le droit, rivalités et querelles seigneuriales se multipliaient, entraînant donc pour le vassal le devoir de prêter main-forte à son suzerain dans les expéditions guerrières qu'il entreprenait. Ne concernant à l'origine que des effectifs limités, ces opérations militaires ne nécessitaient pas une identification systématique des factions opposées.

Par contre, la première croisade, prêchée par le pape Urbain II au concile de Clermont (en 1095), entraîna de 1095 à 1099 en Terre sainte une foule de chevaliers, « qui avaient pris la croix » (ils avaient en fait cousu sur leur vêtement, en signe de ralliement, une croix constituée de deux simples bandes de tissu). Première opération militaire de grande envergure provoquant la rencontre brutale des cultures musulmanes et chrétiennes, la croisade, visant à délivrer le tombeau du Christ des Infidèles, eut pour conséquence la fondation de multiples principautés chrétiennes sur le sol islamique.

Dans ces États nouveaux qu'ils devaient défendre face à la contre-offensive arabe, les croisés appliqueront avec une sévérité accrue les conceptions féodales de leurs pays d'origine. Mais devant s'organiser pour mener une action militaire commune sans négliger leurs cohésions nationales, ils se heurteront très vite à un problème linguistique.

En effet, plusieurs centaines de milliers de combattants, enrôlés par les rois et princes européens pour reconquérir Jérusalem, devaient pouvoir communiquer, ou tout du moins se reconnaître. Une identification rapide et précise des guerriers et de leurs

Le siège de Pontoise : derrière leur bannière fleurdelisée, les Français assiègent la ville.

Bibliothèque Nationale, Paris.

nations, affranchie de toute barrière linguistique, s'avérait indispensable.

Un procédé de reconnaissance élémentaire, de mise en œuvre facile et rapide, consiste à apposer des marques de couleurs sur des points privilégiés de l'équipement militaire : il fut donc choisi par les croisés, qui fixèrent leurs signes de reconnaissance puis leurs couleurs nationales sur leurs boucliers, leurs heaumes et leurs couvre-nuques. Ainsi réunirent-ils, en dehors de toute considération esthétique, mais avec un souci d'efficacité certain, les trois éléments de base de toute armoirie : l'écu, le heaume et le couvre-nuque, qui inspirera plus tard les lambrequins.

Au départ de la troisième croisade, Philippe Auguste, Henri II d'Angleterre et le comte de Flandres, convinrent à Gisors (13 janvier 1188) de distinguer leurs unités respectives par les couleurs de leurs croix : le rouge fut adopté par les Français, le vert fut attribué aux Flamands, le blanc revint aux Anglais. Dès lors, chaque croisé pouvait déterminer la langue et la nationalité de son interlocuteur en fonction de la couleur qu'il portait.

Quant à la fameuse croix de tissu, sa forme initiale ne nous est pas connue,

Recueil de blasons,
armoiries première croisade 1096-1100.

Musée de Versailles, © photo RMN.

GRANDE SALLE DES CROISADES.

Armoiries peintes sur les Piliers_1re 2e et 3me Croisade_1119 à 1217.

26 Raymond du Puy
Fond.r et 1er Gd Mtre de l'Ord. de St Jn de Jér.

27 Hugues de Payens
Fond.r et 1er Gd Mtre de l'Ordre du Temple

2e Croisade
28 Louis VII, dit le Jeune,
Roi de France

29 Amedée II
Cte de Maurienne et de Savoie

30 Conrad III
Empereur d'Allemagne

31 Robert de France
Comte de Dreux

32 Henri Ier
Cte de Champagne et de Brie

33 Archambaud VI
Seigneur de Bourbon

34 Thibaut
de Montmorency

3e Croisade
35 Philippe-Auguste
Roi de France

36 Frédéric Barberousse
Empereur d'Allemagne

37 Richard cœur-de-lion
Roi d'Angleterre

38 Hugues III
Duc de Bourgogne

39 Henri Ier
Comte de Brabant

40 Raoul
Cte de Clermont en Beauvoisis

41 Albéric Clément
Seigr du Mez, Maréchl de France

42 Jacques d'Avesnes

43 Dreux de Mello IVe du nom
Plus tard, Connétable de France

44 Marguerite de France
Reine de Hongrie

45 Henri de Walpot de Passenheim
1er Gd Mtre de l'Ordre Teutonique

46 Guy de Lusignan
Roi de Chypre

47 République de Venise

48 Geoffroy
de Villehardouin

49 Simon III
Comte de Montfort

50 André
Roi de Hongrie

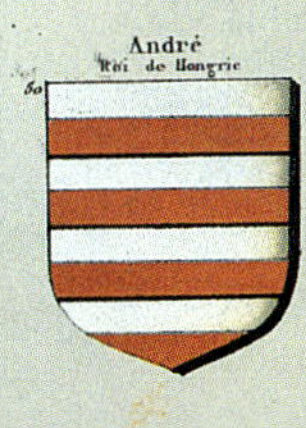

Recueil de blasons,
armoiries première et deuxième croisades 1119-1217.

Musée de Versailles, © photo RMN.

mais il apparaît que dès le XIIe siècle, on apporta à ce signe distinctif commun de nombreuses modifications (couleurs, nombre de bras, configuration...) afin de multiplier les possibilités de reconnaissance. Par ailleurs, dans le même temps, ce motif gagnait tous les champs d'applications possibles.

Les pratiques guerrières de l'ère féodale, tant en Europe qu'en Terre sainte, ne suffisent pourtant pas à justifier le succès des armoiries : tournois, défilés d'apparat, cérémonies fastueuses sont autant d'occasions pour la chevalerie d'arborer ses couleurs. Connaissant un succès sans précédent à partir du XVe siècle, ces manifestations de prestige constituaient en temps de paix le principal divertissement de la noblesse et confirmèrent l'Héraldique dans ses missions d'identification.

La reconnaissance rapide et sans équivoque des protagonistes, tant sur le champ de bataille qu'au tournoi, entraînera très tôt une codification des marques de reconnaissance. Des règles précises verront le jour dès le XIIe siècle : élaborées par des « spécialistes » de l'époque, les *Hérauts d'armes* (d'où découle le terme « héraldique »), elles sont demeurées en vigueur, pratiquement inchangées, jusqu'à nos jours, et consignent tout ce qui se rapporte aux couleurs, formats, stylisation des ornements usités, emplacements appropriés...

▷ Louis XII, coiffé d'un casque à cimier et à lambrequins, et son armée à Gênes en 1507. Miniature du « Voyage de Gênes » de Jean Marot.

Bibliothèque Nationale, Paris.

LE HÉRAUT D'ARMES

DU CHAMP DE COMBAT AU TOURNOI

Dérivant probablement de l'allemand primitif *Hariwalt*, le terme *Héraut* apparaît, sous la forme *Hirou* ou *Hiraut*, dans les écrits français vers le milieu du XIIe siècle, avant de passer sous la forme *Héraut* dans la plupart des langues européennes. Les fonctions du héraut, mal définies à l'origine, oscillent entre celles d'un porteur de message et celles, qui l'emporteront rapidement, d'un diplomate.

C'est en 1173 qu'un chroniqueur, Guillaume le Maréchal, atteste pour la première fois la présence d'un héraut, à la bataille de Drincourt (Normandie). Plus tard, c'est un livre de comptes anglais qui fait état en 1290 d'un « roi des hérauts ». L'effectif de ces derniers croît rapidement : cinq hérauts d'armes portent à Édouard III d'Angleterre la liste des chevaliers français tués lors de la bataille de Crécy (1346). Un an plus tard, Jean II le Bon (il n'était alors que duc de Normandie) appointe un roi d'armes de Normandie, quatre rois d'armes français et vingt et un hérauts d'armes. En 1396, ce sont vingt et un hérauts qui escortent Albert de Bavière lors de sa campagne en Frise. À l'origine probablement recrutés en fonction des besoins, tout comme l'étaient les troupes armées, il semble qu'ils formèrent assez rapidement un corps permanent, devenu vers le milieu du XIVe siècle un élément incontournable de la Cour. Leur fonction perdurera en Europe tant que demeureront en vigueur les pratiques militaires médiévales, obligeant rois et seigneurs à se faire reconnaître au moyen de leurs bannières.

En effet, le rôle du héraut découle de l'art militaire. Que ce

▷ Bataille de Crécy : derrière leurs étendards respectifs, Français et Anglais s'opposent. Miniature des « Chroniques » de Jean Froissart, XVe siècle.
Bibliothèque Nationale, Paris.

grans seigneurs que chun vouloit
monstrer sa puissance. Si n'est
nul homme combien q'l fust
present a la iournee qui sceust
ne peust ymaginer ne recor
der la verite. Especialement
de la partie des francois tant
y eut povre arroy et petite
ordonnance en leurs grans
conroys qui estoient sans
nombre. Et ce que ie scay
de leurs besongnes et ordon
nances et ce que ie deuise
ray et determineray en ce

laur de lay sceu et apris
le plus par moult vaillans
hommes dangleterre saiges
et discretz tant chevaliers
comme aultres qui moult
ententifuement aviserent
leur convenant. Et aussi
par les gens de mess. iehan
de hynault qui furent
tousiours delez le Roy
phle de france. Cy ple de la
bataille de crecy entre le roy de
france et le roy dangleterre.

soit sur les champs de bataille ou sur les lices d'un tournoi, les rituels chevaleresques imposaient des marques d'identification dont la lecture, nécessairement rapide et sans ambiguïté, exigeait une mémoire sans faille et une confiance absolue (toute erreur pouvait engendrer des conséquences catastrophiques). Cette aptitude devint la spécialité des hérauts, dont le statut gagna en considération. De simples messagers, ils devinrent rapidement de véritables techniciens de l'Héraldique, confortant leur connaissance des blasons par des moyens mnémotechniques et des écrits (registres, armoriaux...).

Ces fonctionnaires s'organisèrent hiérarchiquement : ceux qui voulaient servir un grand feudataire le faisaient d'abord comme *poursuivants d'armes*, puis devenaient au bout de quelques années *Hérauts d'armes*. Certains parmi eux, élus *rois d'armes*, se trouvaient alors à la tête de *marches d'armes*, sortes de circonscriptions féodo-géographiques, à l'intérieur desquelles ils enregistraient et contrôlaient tout ce qui touchait aux armoiries et aux structures généalogiques, féodales ou nobiliaires.

▷ Dessiné vers 1300-1310, le *Codex Manesse* offre de nombreuses représentations de chevaliers en grande tenue héraldique, comme ici Walther von Klingen, désarçonnant son adversaire au cours d'un tournoi.
Heidelberg Universität, © Artephot / Held

Leur mode de vie et leurs apparitions publiques étaient régis par un code d'obligations et de droits. Revêtus d'une tunique armoriée caractéristique appelée *tabard*, ils étaient dépourvus d'armement (une simple cotte de mailles pour protection). Ainsi donc parfaitement repérables sur le champ de bataille, ils restaient en permanence dans les environs immédiats de leur maître, dont ils partageaient la tente. Assurés d'une inviolabilité absolue, ils pouvaient traverser les lignes de l'adversaire pour lire une communication de leur maître, demander une suspension des combats, négocier une capitulation, organiser un duel... Si, par leurs missions

Arthur combat l'empereur Lucius.
Manuscrit d'Egerton.
Londres, British Museum,

Lancelot combat un géant.
Bibliothèque Nationale, Paris, © Artephot / Bridgeman.

dans le camp ennemi, les hérauts avaient connaissance des dispositifs adverses, ils n'en devaient rien dévoiler, sous peine d'être accusés d'espionnage.

À la veille d'un affrontement à l'issue incertaine, les hérauts rédigeaient les actes testamentaires, assuraient la garde des biens précieux et pouvaient être mis au courant de détails corporels précieux pour identifier les éventuelles victimes. S'écartant de leur maître, ils suivaient au moyen des bannières le déroulement des assauts. Le combat achevé, les hérauts des différentes factions, réunis sur le champ de bataille, attribuaient la défaite au parti comptant le plus de morts, dont ils dressaient la liste et dont ils organisaient plus tard les funérailles. Les hérauts étaient autorisés à rencontrer les prisonniers détenus par l'ennemi, à taire leur identité ou à certifier leur noblesse, pour leur obtenir un traitement de faveur.

Leur position particulière, la neutralité et l'attention qu'ils témoignaient lors d'une bataille, leur valaient d'être fréquemment consultés par les chroniqueurs ou les illustrateurs soucieux de vérité et d'objectivité.

En temps de paix, l'organisation pratique des manifestations d'apparat, adoubements, tournois... relevait des hérauts. D'autre part, ils veillaient au respect des règles héraldiques, contrôlaient les blasons, écartaient ceux qui transgressaient ces règles, vérifiaient les attestations exigées pour les heaumes couronnés, dressaient des listes éventuellement illustrées de blasons (ces listes constituent les armoriaux ou rôles dits occasionnels).

Libres de circuler à leur guise, ils pouvaient entreprendre de lointains voyages d'où ils retiraient une meilleure connaissance des blasons, des usages et des peuples étrangers... Les contacts entre hérauts de pays voisins étaient d'ailleurs fréquents, si bien qu'ils constituèrent en Europe une caste extra-territoriale, jouissant d'une considération importante et de privilèges nombreux, dont l'exemption d'impôts.

Attaque et défense d'une forteresse. David en majesté (tenant une harpe) et ses quatre musiciens (cymbalum, flûte, viole, orgue), entourés des murailles d'une ville (probablement Jérusalem) défendue par ses soldats. Les combattants portent l'écu « normand », en amande, et le casque à nasal.

Miniature de la Bible d'Étienne Harding, début XIIe siècle : Bibliothèque municipale de Dijon, photo Blow Up.

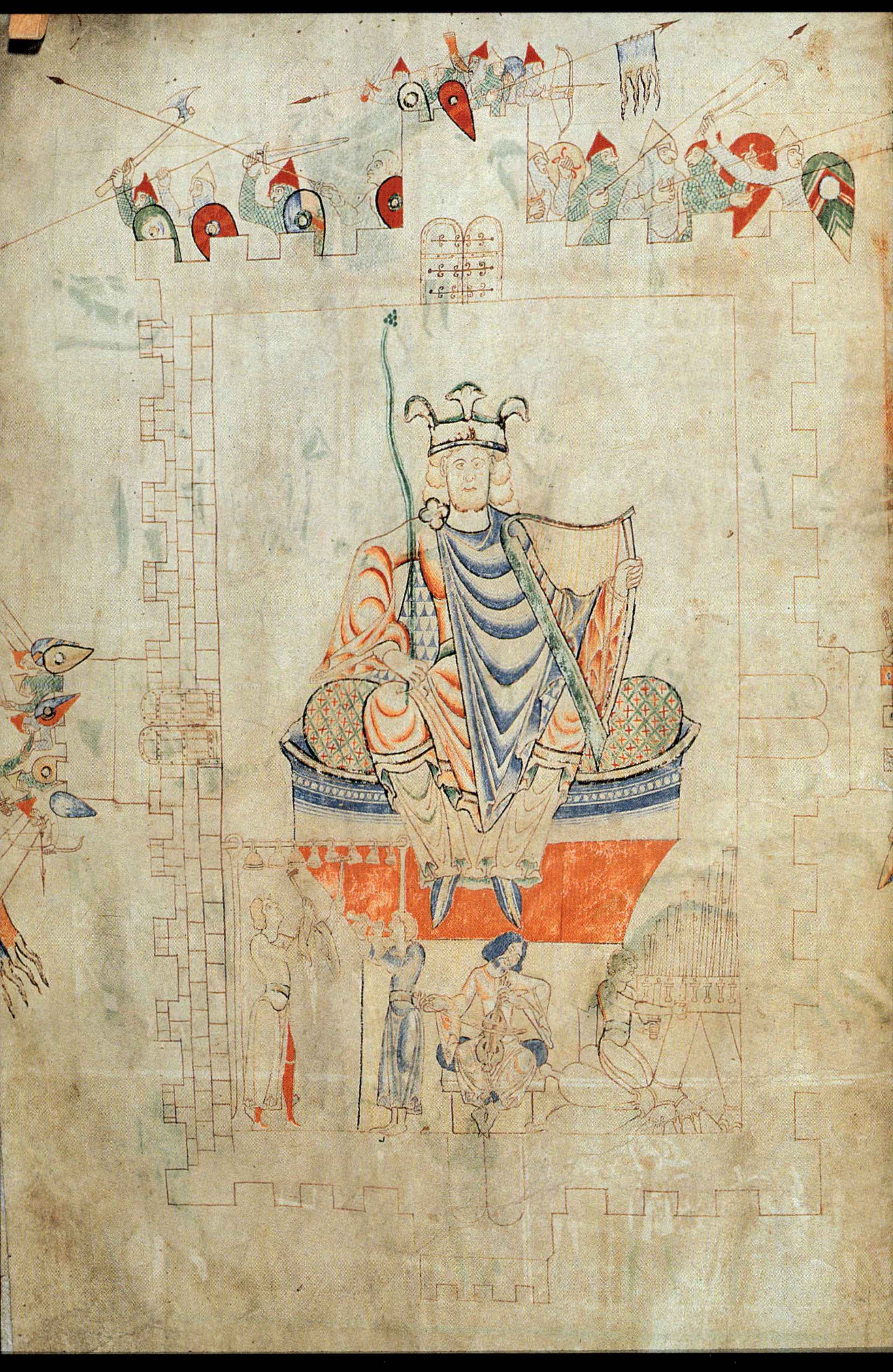

Sources d'informations

Les sources d'informations concernant les armoiries fourmillent. Dès le haut Moyen Âge en effet, on mit à contribution l'Héraldique pour décorer nombre d'objets de valeur : meubles, tapisseries et tapis, armes, vaisselle d'apparat. L'Héraldique est encore présente sur les peintures murales et les vitraux, dans la statuaire mortuaire et le décor d'architecture.

Outre les écrits non illustrés (récits d'un combat, descriptions d'une cérémonie importante, chansons de geste, romans courtois...), les armoriaux recèlent une multitude d'informations armoriales. Ils présentent, à défaut d'un relevé systématique difficilement envisageable, des enregistrements différents. Les armoriaux occasionnels recensent les armes de personnages rassemblés pour une occasion particulière, politique ou militaire (campagne, siège, traité, concile, tournoi, revue, parade...). Les armoriaux institutionnels recueillent les armes de personnes regroupées en institution (chevalerie, corps de métier, confrérie...). Les armoriaux généraux proposent de réunir toutes les armes en usage sur une aire géographique plus ou moins étendue. Les armoriaux ordonnés adoptent un classement thématique des armoiries en fonction de leurs meubles.

L'élaboration des armoriaux pouvait résulter soit d'un impératif profes-

Cruche en grès. Raeren, XVIe siècle.
Musée National de la Renaissance, Écouen, photo Hervé Champollion.

Canette en grès. Siegburg, 1589.
Musée National de la Renaissance, Écouen, photo Hervé Champollion.

sionnel (celui des hérauts, qui avaient à reconnaître les blasons), soit d'un intérêt artistique (celui de collectionneurs privés ou de mécènes, amateurs d'Héraldique). Aussi leur analyse met-elle en évidence des orientations différentes selon l'auteur et le but. Lorsque l'illustrateur est un héraut ou un poursuivant, les informations qu'il consigne sont fiables puisque l'armorial constitue son outil principal de travail. Au contraire, l'armorial réalisé par un simple particulier consigne des informations que l'on considérera avec plus de réserve, l'illustrateur étant souvent tenté de réunir, sous la forme d'une collection, le plus grand nombre possible de blasons.

Les armoriaux revêtent différentes formes : rouleaux de parchemins, registres, livres reliés, recueils... méticuleusement illustrés. L'invention de l'imprimerie fit apparaître au XVe siècle des planches préimprimées comportant

Plat hispano-mauresque à écu armorié, Valence, XVe siècle.
Musée du Louvre, © photo RMN.

Coffret en fer gravé, Allemagne, XVIe siècle. Dans un décor de rinceaux, écu présenté par deux putti et surmonté d'une couronne.
Musée National de la Renaissance, Écouen, photo Hervé Champollion.

Cressac-Saint-Genis, Charente. Sur son écu et son oriflamme, un cavalier porte la croix, figure de ralliement des croisés.
Photo Michel Ogier.

Tombeau de Philippe Pot, Grand Sénéchal de Bourgogne (mort en 1493), provenant de l'abbaye de Cîteaux, sculpture d'Antoine Le Moiturier.
Le gisant repose sur huit pleurants, portant chacun un écu armorié. Musée du Louvre, © photo RMN.

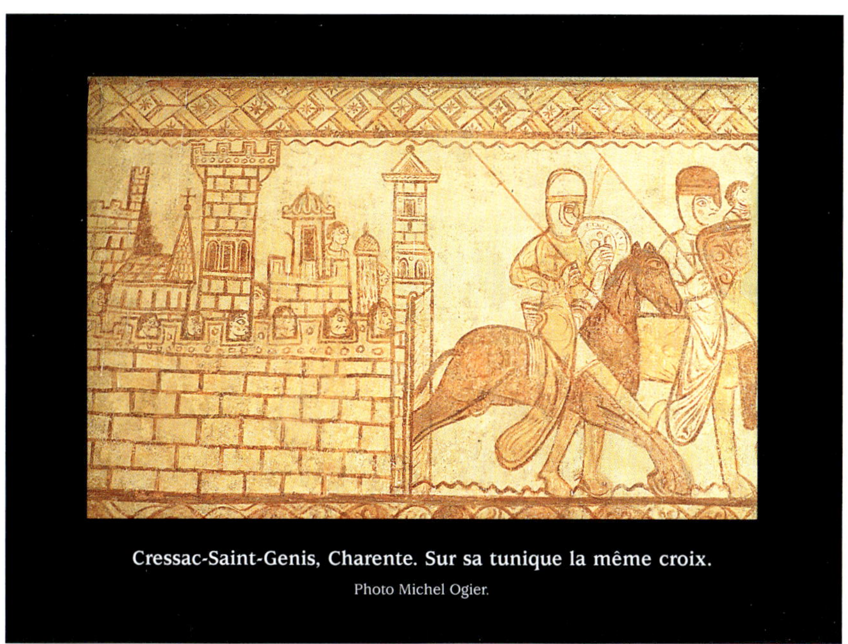

Cressac-Saint-Genis, Charente. Sur sa tunique la même croix.
Photo Michel Ogier.

écu, heaume et lambrequins que les hérauts complétaient des couleurs et signes adéquats.

En 1696, Louis XIV créa l'*Armorial Général*, nommant Charles d'Hozier *Garde de l'Armorial Général*, avec pour adjoint Adrien Vannier, *Directeur du Traité des Armoiries* et chargé de la perception des droits d'enregistrement. Il devint alors obligatoire pour quiconque souhaitait porter des armoiries de les faire enregistrer, et d'acquitter un droit (jusqu'alors, chacun pouvait en porter ou s'en créer en toute liberté, à la seule condition de ne pas s'octroyer celles d'un autre). Pour des raisons fiscales, l'obligation de porter un blason et de payer les droits afférents fut étendue à toute personne d'un certain rang. Cette mesure, accompagnée d'amendes et de

Gisant de Bertrand Duguesclin, par Thomas Privé et Robert Loisel, basilique Saint-Denis, Paris. Photo Hervé Champollion.

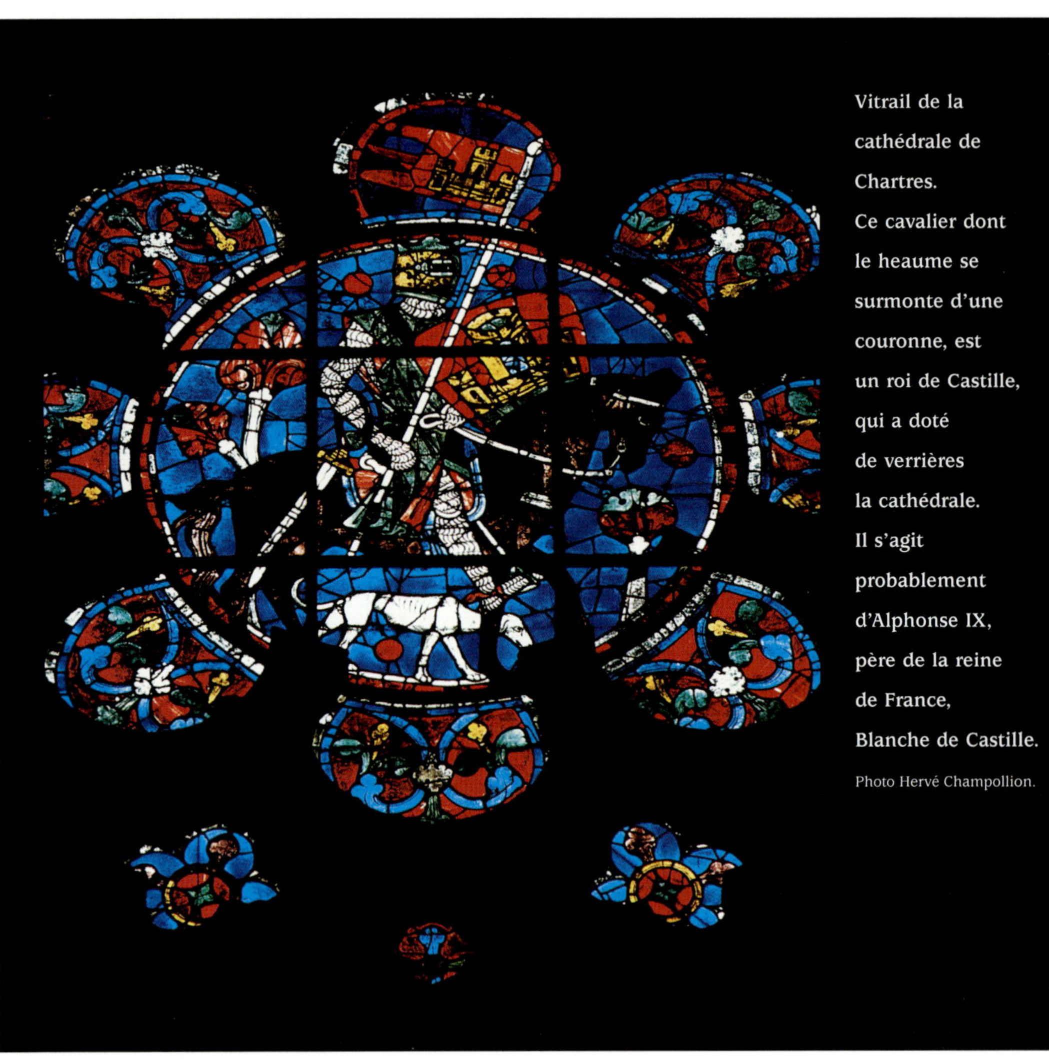

Vitrail de la cathédrale de Chartres. Ce cavalier dont le heaume se surmonte d'une couronne, est un roi de Castille, qui a doté de verrières la cathédrale. Il s'agit probablement d'Alphonse IX, père de la reine de France, Blanche de Castille.

Photo Hervé Champollion.

saisies pour les réfractaires, sera appliquée avec sévérité quelques années et donnera lieu à des abus d'autant plus fréquents que les recettes avaient été généralement affermées. Nombre d'armoiries parlantes, d'un goût parfois plus que discutable, apparurent alors : ainsi, un notaire nivernais du nom de Pépin se vit-il infliger un écu *d'argent à trois pépins de sable* tandis qu'un apothicaire breton recevait un écu *d'azur à la seringue d'argent accompagnée de trois pots de chambre du même*, et qu'un certain Le Marié héritait d'un blason orné de bois de cerf. Ce zèle excessif souleva tant de résistance que cette mesure fut suspendue en 1700. Les enregistrements cessèrent pour leur part en 1709, après que l'on eut répertorié les armes de quelque 110 000 familles...

Qu'ils soient occasionnels ou institutionnels,
généraux ou ordonnés,
les armoriaux sont de véritables inventaires.
Les armoiries y sont recensées,
figurant avec toutes leurs composantes : écus, heaumes,
lambrequins et ornements extérieurs appropriés.

Riddarhuset, Stockholm, Suède. © Artephot / Scanbild.

Figures héraldiques

À l'origine destinées à distinguer amis et ennemis au cours d'un affrontement, les armoiries sont composées de signes qui étaient appelés *connaissances* ou *reconnaissances,* et qui ultérieurement comprendront des informations sur la personnalité, la famille, l'histoire de celui qui les porte. Régie par des règles, codes et une grammaire, l'Héraldique montre que la société médiévale a su créer un véritable langage à partir d'un répertoire limité de figures et de couleurs.

LE STYLE HÉRALDIQUE

L'Héraldique a un style particulier, synthèse de concision, d'expression et d'esthétique, répondant au besoin fondamental d'une perception à distance sans équivoque et d'une compréhension rapide. Pour ces impératifs, on a d'abord recours au contraste entre couleurs claires et couleurs foncées. Puis, afin de multiplier les possibilités de distinction, on ajoute des figures, dont l'efficacité repose sur la clarté de leurs contours, voire sur l'exagération de certains détails parfois rehaussés de couleurs, tels que les griffes d'un lion, le bec ou les serres d'un aigle, les cornes d'un taureau…

Si les armoiries peuvent être reproduites sur des supports divers, leur forme reste le plus souvent tributaire d'une base triangulaire, découlant de l'écu médiéval. Le style héraldique exclut le naturalisme : il s'écarte souvent de la réalité pour représenter les figures auxquelles il fait appel, il peut les simplifier à l'extrême et les déformer de manière à ce qu'elles occupent la plus grande partie de l'écu. Il subit les influences des styles architecturaux, sur lesquels il retarde généralement d'une génération, et intègre des différences nationales qui, imperceptibles au XIIe siècle, s'accentueront sensiblement à partir du XIIIe.

QUELQUES FIGURES HÉRALDIQUES

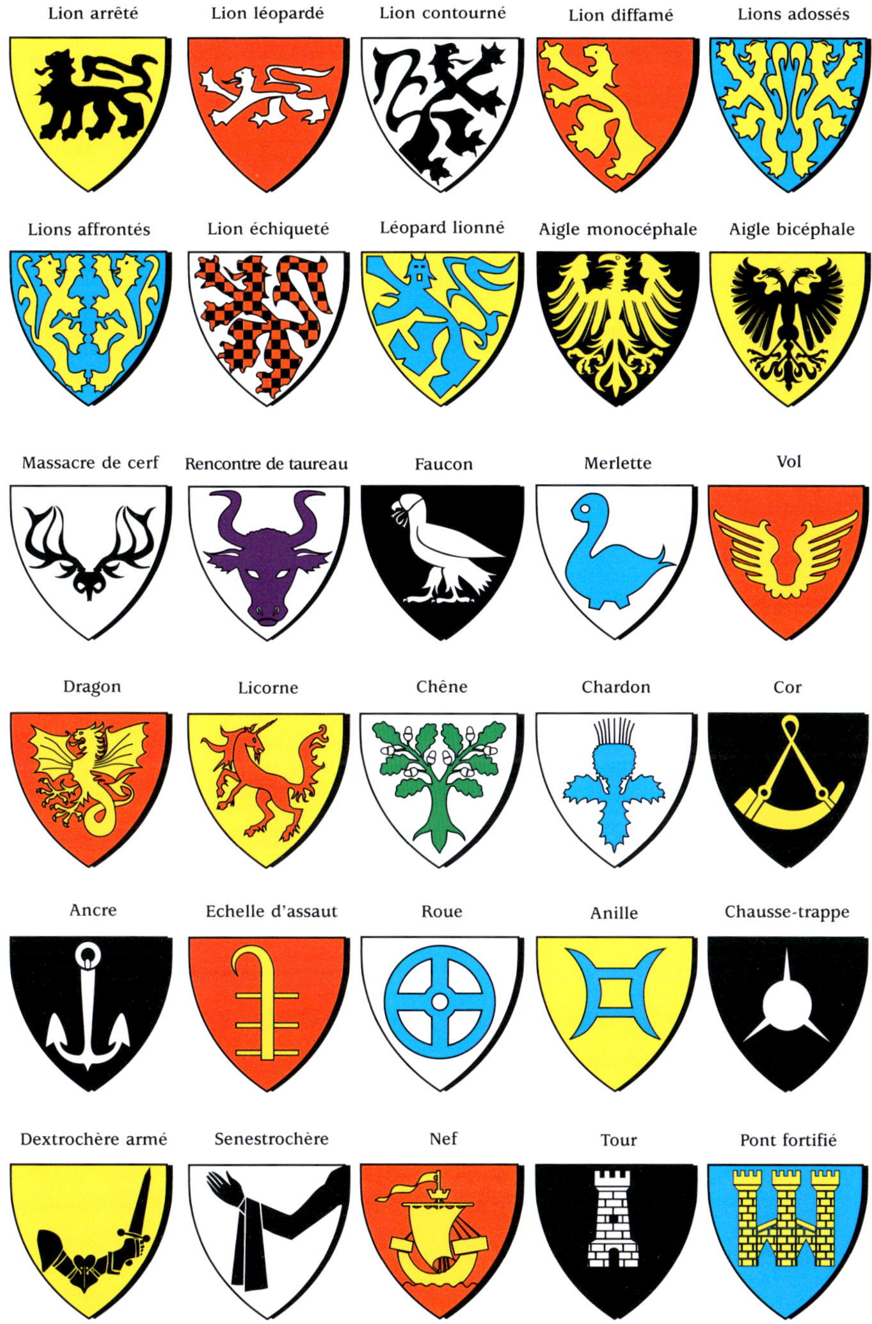

LES ÉMAUX

Bon nombre d'armoiries nous sont parvenues sans couleur : c'est le cas de la plupart des blasons figurant sur les sceaux, le mobilier, les tombeaux, les édifices... Mais les armoriaux nous permettent la connaissance des coloris employés.

Ce qui, aujourd'hui, est communément appelé couleur, prend en Héraldique le nom d'*Émail*. Parmi les émaux, une distinction est faite entre les *Métaux* (*or* et *argent*) et les *Couleurs* au sens héraldique : *Gueules* (rouge), *Azur* (bleu), *Sable* (noir), *Sinople* (vert), *Pourpre* (violet), *Orangé* (orange), *Tenné* (marron). Les anciens hérauts désignaient également les émaux au moyen du nom des planètes et des pierres précieuses.

En général, tout blason comporte de l'or ou de l'argent, que remplacent parfois modestement le jaune et le blanc, mais un blason correct ne peut présenter de l'or et du jaune ou de l'argent et du blanc à la fois. La règle fondamentale est la règle dite de la *contrariété des émaux* : si les figures sont de métal, le champ sera de couleur ou l'inverse, et il est interdit de mettre couleur sur couleur, ou métal sur métal. Cette contrainte, destinée à éviter toute méprise dans la reconnaissance visuelle à distance, trouve quelques rares exceptions dans le cas d'armes dites à *l'enquerre* (les armoiries du roi de Jérusalem sont une croix d'or sur fond d'argent). Elle est par ailleurs assouplie lorsqu'un blason est géométriquement divisé en trois champs s'imbriquant les uns dans les autres (en *pairle*) ou lorsqu'une moitié du blason est elle-même divisée en deux parties.

Dès le Moyen Âge, on a fait correspondre aux émaux des valeurs sentimentales, dont certaines combinaisons ont toujours été soit appréciées, soit dédaignées. Ainsi le rouge correspond-il traditionnellement à l'amour, le bleu à la fidélité, le noir à la tristesse, le vert à l'espérance ou à la liberté... Si l'or et l'azur dominent en France, c'est le sable et l'or qui sont privilégiés dans les contrées germaniques.

▷ Les émaux étaient parfois appelés du nom de certaines planètes ou de certaines pierres précieuses. Les hachures conventionnelles, inventées au XVIe siècle, permettent d'identifier les émaux dans leur représentation.

L'Héraldique ne prend pas en compte la texture de l'étoffe portant les armoiries. Si le fond d'une composition, généralement uni, peut être rehaussé d'une sorte de damassé, appelé *diapré*, le blasonnement ne fait pas état de cette ornementation laissée à l'appréciation du décorateur. Mais on ne doit pas confondre ces motifs ornementaux avec les *fourrures*, que sont l'*Hermine* et le *Vair*. L'hermine héraldique doit sa silhouette stylisée au fait que l'on accrochait aux vêtements des queues d'her-

MÉTAUX

OR :
Planète : soleil
Pierre : topaze
Symbolique : intelligence, grandeur, vertu, prestige

ARGENT :
Planète : lune
Pierre : perle
Symbolique : netteté, pureté, sagesse

ÉMAUX

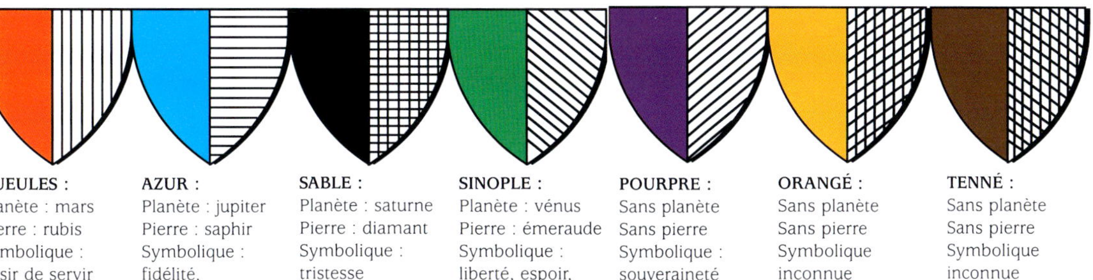

UEULES :
lanète : mars
ierre : rubis
ymbolique :
ésir de servir
a patrie

AZUR :
Planète : jupiter
Pierre : saphir
Symbolique : fidélité, persévérance

SABLE :
Planète : saturne
Pierre : diamant
Symbolique : tristesse

SINOPLE :
Planète : vénus
Pierre : émeraude
Symbolique : liberté, espoir, joie, santé

POURPRE :
Sans planète
Sans pierre
Symbolique : souveraineté

ORANGÉ :
Sans planète
Sans pierre
Symbolique inconnue

TENNÉ :
Sans planète
Sans pierre
Symbolique inconnue

FOURRURES

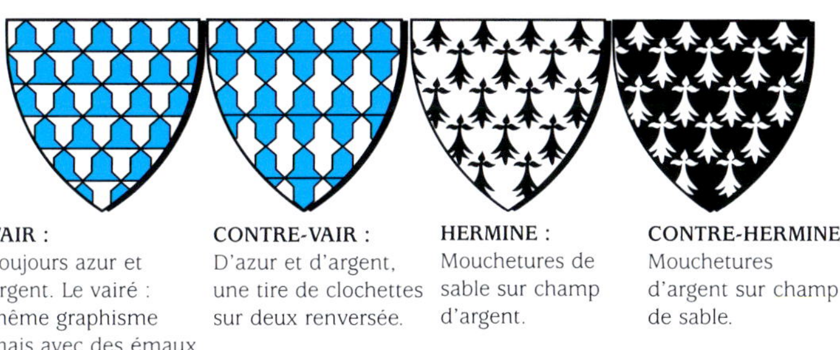

VAIR :
Toujours azur et argent. Le vairé : même graphisme mais avec des émaux et métaux autres que l'azur et l'argent.

CONTRE-VAIR :
D'azur et d'argent, une tire de clochettes sur deux renversée.

HERMINE :
Mouchetures de sable sur champ d'argent.

CONTRE-HERMINE :
Mouchetures d'argent sur champ de sable.

mine au moyen d'agrafes ou de trois épingles, dont les têtes étaient disposées en croix. L'hermine est toujours constituée de mouchetures de sable sur un fond d'argent, le *contre-hermine* de mouchetures d'argent sur un fond de sable. Quant au vair, il était constitué par le dos et les pattes d'écureuils de Sibérie doublant le manteau des hautes personnalités. Il est figuré par une sorte de « clochettes » renversées, d'azur sur fond d'argent. Le *vairé* adopte le même graphisme que le vair, mais d'une autre couleur. Dans le *contre-vair*, une rangée (ou une *tire*) sur deux de « clochettes » est renversée.

PARTITIONS ET PIÈCES

Un écu offre en premier lieu une surface, appelée *champ*, unie ou divisée par un trait déterminant des *partitions*. Le champ peut porter une ou plusieurs figures, ce sont les *meubles*. La multiplication des traits de partition (ceux-ci peuvent être droits, courbes, brisés, ou revêtir différents graphismes), provoque la naissance des *rebattements* ou des *pièces honorables*. La division de l'écu délimite des zones appelées *points*, à ne pas confondre avec les *quartiers* résultant de la combinaison de plusieurs blasons. Les pièces honorables, notamment la croix et le chevron, constituent des surfaces que l'on peut également orner de meubles.

Marqueterie d'un banc d'orfèvre du XVIe siècle. Chevalier en tenue d'apparat.
Musée National de la Renaissance, Ecouen, photo Hervé Champollion.

QUELQUES PARTITIONS ET PIÈCES HONORABLES

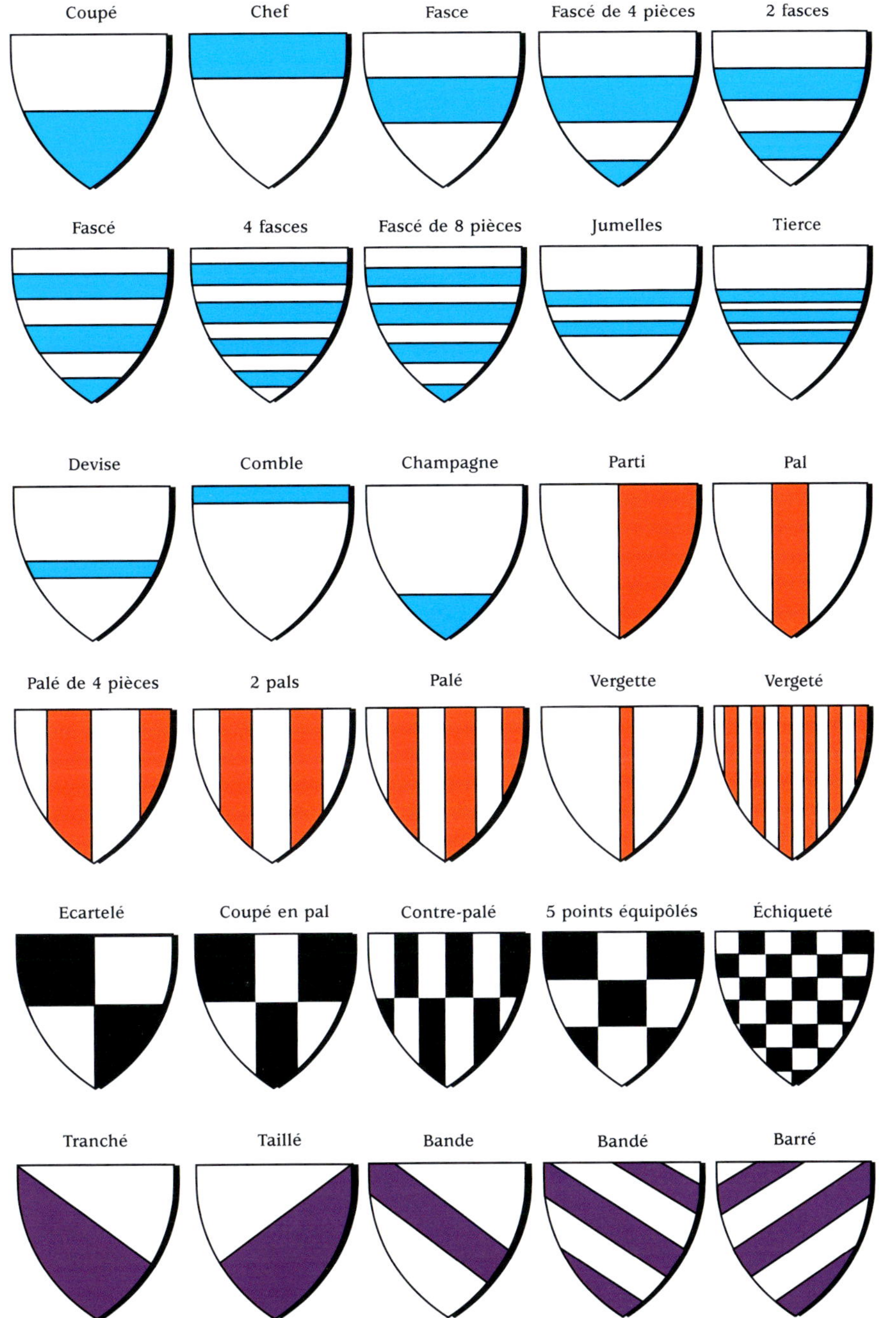

QUELQUES PARTITIONS ET PIÈCES HONORABLES

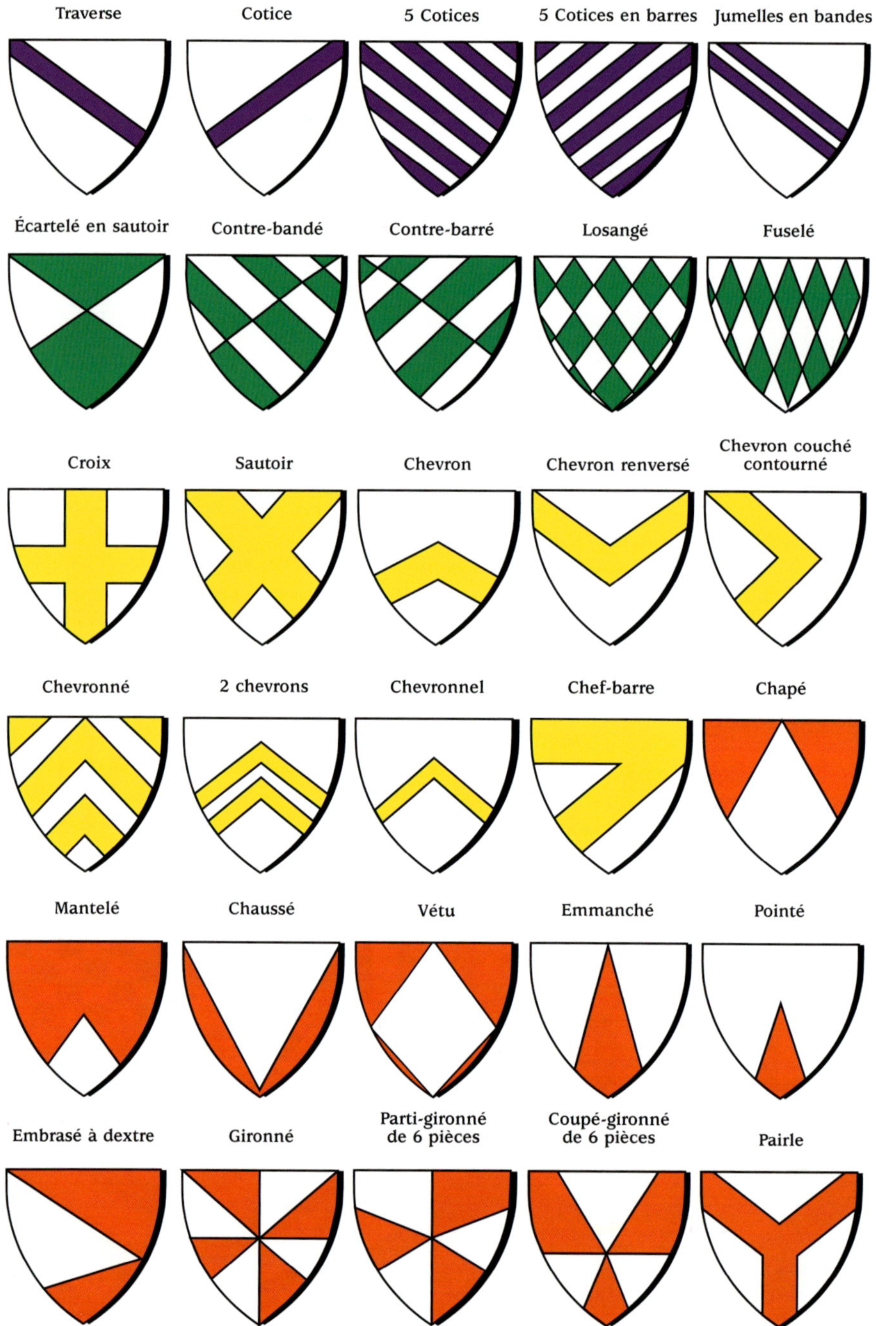

QUELQUES PARTITIONS ET PIÈCES HONORABLES

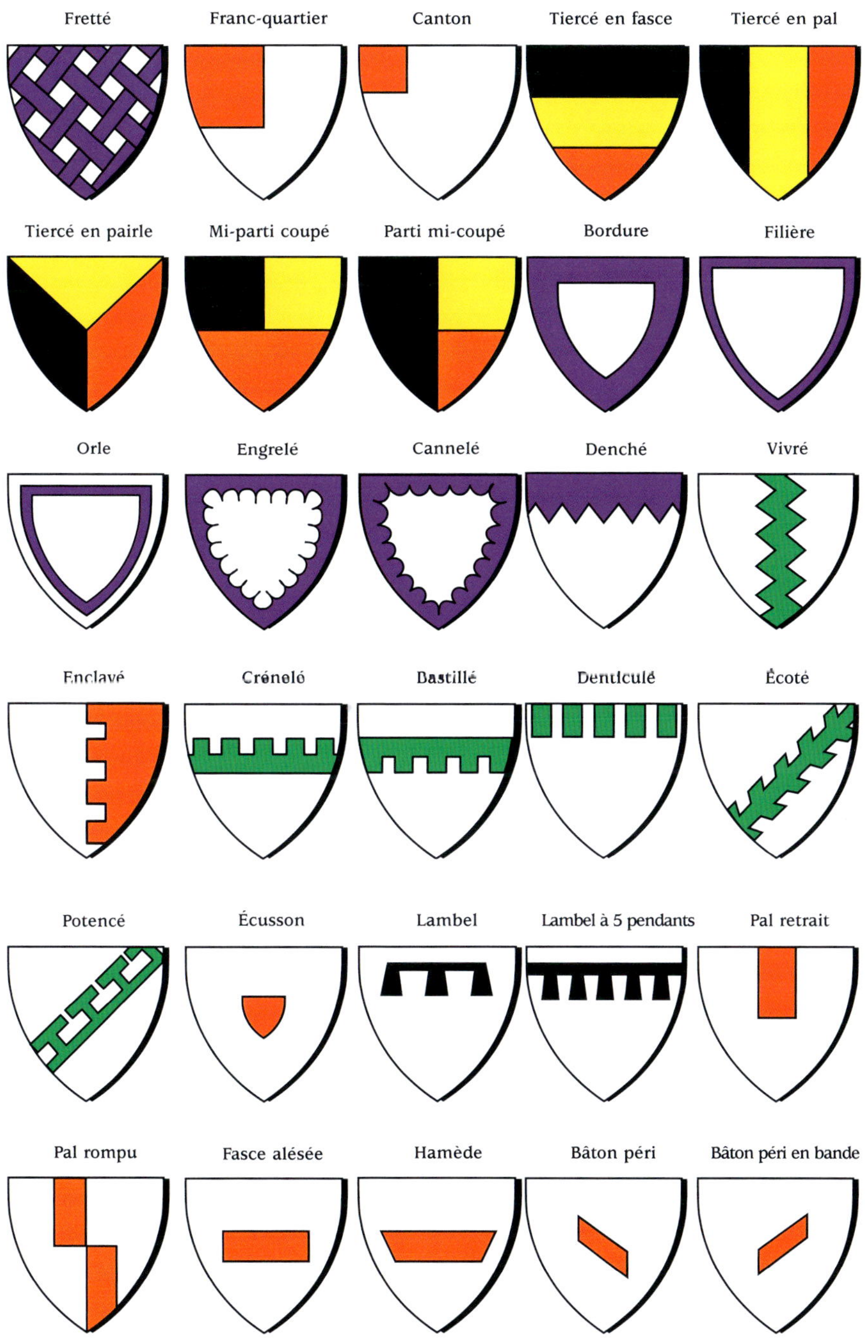

Armoiries germaniques, comprenant un écu surmonté de trois heaumes à cimiers et à lambrequins, XVIe siècle.
Musée National de la Renaissance, Écouen, photo Hervé Champollion.

LES FIGURES

En Europe, quatre figures ont connu un succès sans égal : ce sont la croix, l'aigle, le lion et la fleur de lis.

La croix s'est imposée dans l'Europe médiévale, comme symbole de la Chrétienté. C'est en effet l'emblème sous lequel se sont ralliées la plupart des nations occidentales, avant même que des distinctions ne soient apportées au moyen de ses couleurs ou de son graphisme.

L'aigle , emblème de l'Empire romain restauré par Charlemagne, est restée (en Héraldique, l'aigle est toujours du genre féminin) le symbole de l'empire universel, apparaissant même, pour plus d'expression encore, bicéphale. On rencontre de multiples dérivés de l'aigle, tels le vautour, l'alérion (petite aigle dépourvue de pattes et de bec) et le faucon (repérable à sa tête encapuchonnée).

Le lion, animal le plus représenté en Héraldique indépendamment du fait qu'on le trouve ou non dans la faune locale, reflète quant à lui les intérêts particularistes des princes territoriaux. Il doit son succès à la chevalerie, qui privilégiait la force et la majesté, valeurs traditionnellement associées au « roi des animaux ». Sa variante, le léopard,

QUELQUES CROIX HÉRALDIQUES

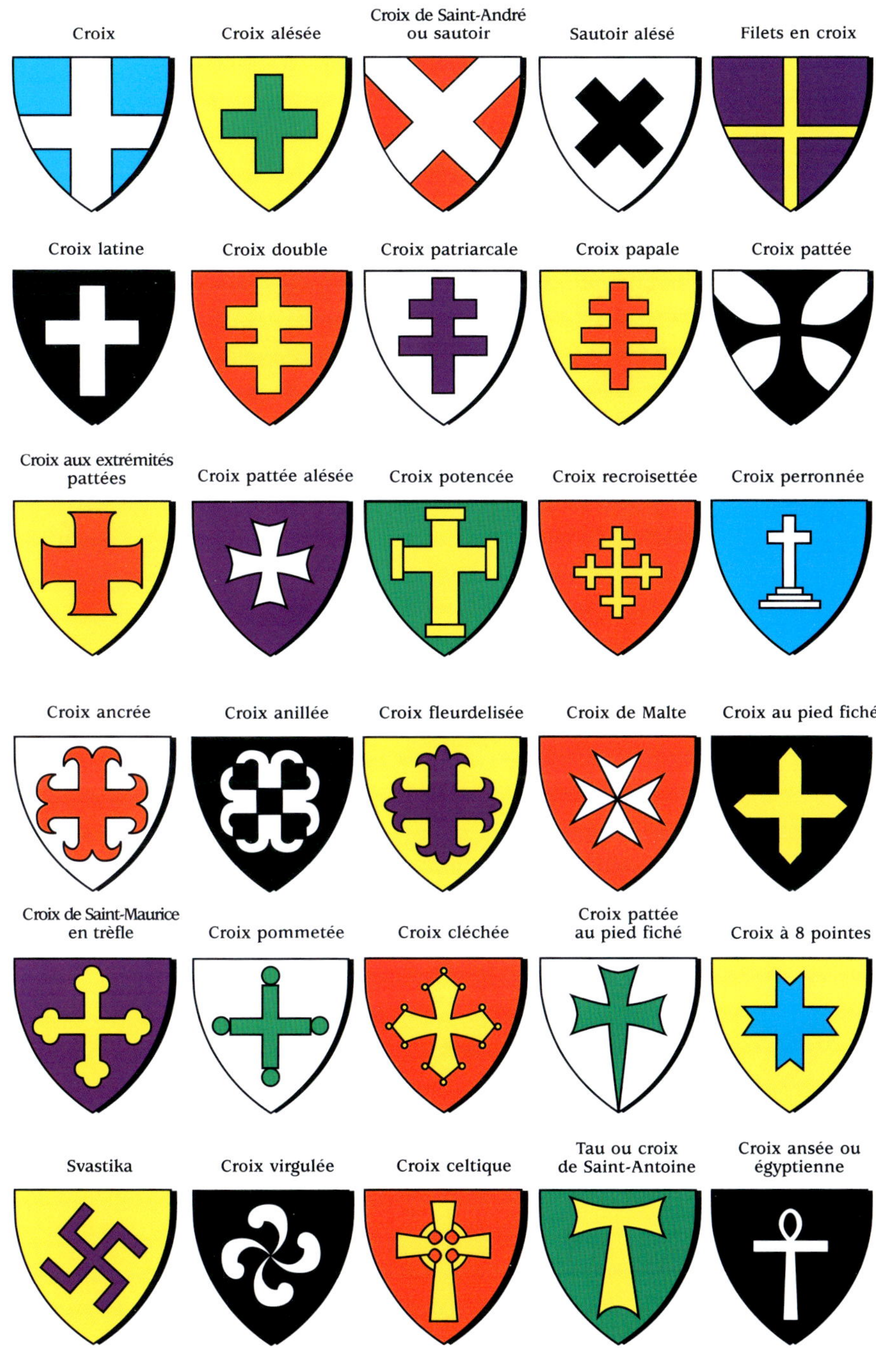

Armoiries de Duplessis-Mornay, conseiller de Henri IV, seconde moitié du XVIe siècle.

Musée National de la Renaissance, Écouen, photo Hervé Champollion.

marque le domaine franco-anglais des Plantagenêts. Doté d'ailes, le lion se rapporte à saint Marc l'Évangéliste, de même que le taureau ailé est l'attribut de saint Luc, l'aigle celui de saint Jean et l'ange celui de saint Matthieu. Le lion ailé ne doit pas être confondu avec le griffon, animal fabuleux présentant un corps de lion et une tête d'aigle et qui, par sa nature hybride, est associé à la volupté, et à son contraire, la chasteté.

La fleur de lis, symbole de la Mère de Dieu, est devenue en France l'emblème de la royauté et du pouvoir. Déjà utilisée aux environs de l'an Mil comme emblème marial, elle passa à l'étendard royal avec Louis VII (1120-1180). Sa forme se prêtant parfaitement à la reproduction, son nombre variait en fonction de la surface à orner, allant de l'unité à plusieurs dizaines. On limita ce nombre sous Charles V (1338-1380) à trois dans le blason royal, en évocation de la Sainte Trinité, mais le semis de fleurs de lis perdurera néanmoins en dehors des armoiries royales.

Les bestiaires ont apporté une grande contribution à la décoration des blasons. Sortes de livres de sciences naturelles décrivant la nature et les animaux, et en tirant des préceptes moralisateurs, les bestiaires trouvent leur source dans le *Physiologos,* manuscrit qui semble avoir été rédigé au IIe siècle avant J.-C., les bestiaires, s'appuyant sur des textes bibliques, multiplient les exhortations à la chasteté et les mises en garde contre l'hérésie. Leurs assertions furent largement diffusées durant le Moyen Âge à travers des fables dont des animaux, le plus souvent imaginaires ou hybrides, étaient les protagonistes, et passèrent dans l'Héraldique.

Retenons parmi ce monde fabuleux le griffon ; l'hypogriffe, à la tête d'aigle et à l'arrière-train de cheval ; la panthère héraldique, sorte de lion à tête de taureau crachant des flammes, à queue de cheval ou de lion ; le dragon, symbole du paganisme, pouvait revêtir différentes formes : un corps de serpent à deux ou quatre pattes, avec ou sans ailes, doté d'une langue terminée par un dard ou des flammes ; le basilic, sorte de dragon à tête et pattes de coq, aux ailes d'oiseau ou de chauve-souris ; l'hydre, dragon à sept têtes ; la guivre, long serpent engoulant un enfant ; la licorne, à la silhouette d'une chèvre ou d'un cheval portant sur le front une longue corne pointue et torsadée, et dont la légende rapporte qu'elle ne pouvait être capturée que par une vierge…

Armoiries germaniques, comprenant un écu surmonté d'un heaume à cimier et à lambrequins, XVIe siècle.
Musée National de la Renaissance, Écouen, photo Hervé Champollion.

Tout quadrupède pouvait se voir doté d'une queue de dragon (on le dit alors *dragonné*) ou d'une queue de poisson (il est alors précisé *mariné*). Tout animal muni, en dépit des lois naturelles, d'ailes ou de cornes pouvait accéder de même au rang d'être fabuleux.

Mais l'Héraldique fait aussi appel au réel. Ainsi rencontre-t-on fréquemment sur des écus le taureau, symbolisant la force ; l'ours, illustrant le courage, et

Banc d'orfèvre, XVIe siècle. Détail. Scène de tournoi. Cheval caparaçonné, écu, lance, heaume à cimier et à lambrequins, aux couleurs du cavalier.

Musée National de la Renaissance, Écouen, photo Hervé Champollion.

dont des croyances font état de sa faculté d'être associé à l'homme ; le sanglier, le loup, le cerf, l'écureuil, le cheval, la vache sont encore autant de motifs potentiels et, comme tout animal héraldique, peuvent porter des accessoires (une épée, une couronne, un anneau au nez, des chaînes...).

Enfin, serpents, oiseaux de toutes sortes : grues, autruches, hirondelles et martinets (vraisemblablement à l'origine des *merlettes*, petits oiseaux stylisés sans bec et sans pattes), abeilles... sont encore des figures utilisées.

La flore prodigue des jardins et des campagnes, qui avait pourtant fortement inspiré les enlumineurs et liciers, semble pratiquement inconnue dans les armoiries médiévales, apparaissant parfois dans des créations plus modernes, exception faite de la fleur de lis et de la rose (le plus souvent représentée avec cinq pétales, sous la forme de l'églantine).

Les figures humaines ne sont pas exclues de l'Héraldique. Saints patrons munis de leurs attributs, têtes ou bustes d'hommes ou de femmes, mains, bras... peuvent orner un écu, de même qu'anges ou êtres imaginaires, tels le centaure, mi-homme mi-cheval ; le sphinx, mi-femme mi-lion ; la sirène, mi-femme mi-poisson…

Enfin, l'Héraldique s'inspire encore pour ses meubles d'objets fabriqués par l'homme, que ces objets soient précieux ou communs, à la seule condition qu'on puisse les styliser et les représenter à plat. Ainsi en est-il des outils d'artisans (tenailles, couteaux, fers à cheval, herses, socs de charrue, instruments chirurgicaux…) qui abondent sur nombre d'écus relevant plus particulièrement des corporations.

Parfois, ces objets sont difficilement identifiables soit du fait de leur stylisation, soit du fait qu'ils sont aujourd'hui oubliés. L'amateur d'Héraldique devra donc être familiarisé avec la vie quotidienne médiévale, et savoir reconnaître les outils agraires ou d'artisans, les objets domestiques ou les pièces d'habillement, y compris les plus modestes… D'autre part, l'interprétation des armoiries doit tenir compte des armes parlantes, particulièrement courantes durant tout le Moyen Âge, et dont certains éléments sont en relation avec leur titulaire. Ainsi, une simple tuile peut-elle entrer dans la composition du blason d'une corporation de couvreurs (ou d'un artisan de cette profession), mais aussi dans celui d'une famille Couvreur ou Lecouvreur… L'identification se compliquera dans le cas d'armoiries, qui « parlantes » dans un pays donné, deviendront incompréhensibles dans une langue autre que celle de la contrée où elles sont en usage.

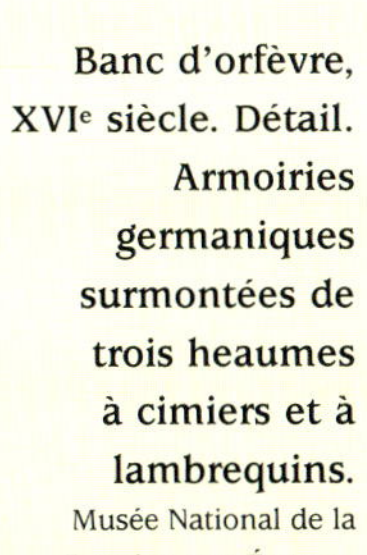

Banc d'orfèvre, XVIe siècle. Détail. Armoiries germaniques surmontées de trois heaumes à cimiers et à lambrequins.
Musée National de la Renaissance, Écouen, photo Hervé Champollion.

Les composantes

L'ÉCU D'ARMES

En Europe, il semble que la plupart des boucliers aient été, jusqu'aux premiers temps de l'ère chrétienne, de forme circulaire, plus ou moins ornés de figures ou de motifs géométriques, mais dépourvus de signification héraldique. Le bouclier de type « normand », en amande, apparaîtra à la fin du XIe siècle, et sa silhouette tendra progressivement vers le triangle.

Devenu le support principal de ce qu'on appelait alors les *signes* permettant l'identification du combattant, l'écu ne put cependant, quels que fussent sa taille, sa forme ou son décor, assurer seul cette mission dans la confusion des grandes batailles : on eut donc recours aux bannières, gonfanons et drapeaux fixés à des lances. Toutefois, il n'était pas toujours possible, pour des raisons techniques, de reproduire sur une étoffe flottante les motifs figurant sur la matière rigide d'un écu. Aussi est-il fréquent d'observer qu'écus et drapeaux ne concordent pas toujours.

Arme défensive par excellence durant tout le Moyen Âge, le bouclier, évoluant au gré des progrès techniques et mili-

Tapisserie de Bayeux, XIe siècle, scène 51. Les cavaliers normands affrontent l'infanterie anglaise. Les combattants portent la cotte de mailles, le grand bouclier normand, en amande, et le casque conique à nasal.

Avec autorisation spéciale de la Ville de Bayeux.

Lancelot capturant le garde Dorous avec l'aide d'un nouveau bouclier que lui a donné la dame du Lac, XIVe siècle.

Bibliothèque Nationale, Paris, © Artephot / Bridgeman.

taires, perdit peu à peu ce rôle, alors que se perfectionnait l'armure européenne. Mais il conservera sa fonction comme support d'armoiries. Son contour manifestera à la fin du XVe siècle des ambitions artistiques certaines, que confirme au XVIe siècle l'apogée des tournois et des manifestations d'apparat.

Jusqu'au milieu du XVe siècle, on n'envisagea pas de fractionner le champ d'un écu armorié au-delà de quatre quartiers. Mais cependant, alors que grandissaient les préoccupations esthétiques et qu'on passait graduellement des boucliers de guerre à ceux de tournois, l'habitude fut prise d'ordonner autour d'un écu divisé en quatre quartiers plusieurs autres écus, pouvant eux-mêmes être partagés. Cet usage, particulièrement courant lors de manifestations funéraires, permettait d'enrichir son blason de ceux d'ascendants illustres et de satisfaire des ambitions artistiques sans transgresser les normes de l'Héraldique ni ses impératifs d'identification.

Ainsi, un étendard bigarré, qui à première vue semble n'être qu'un prétexte ornemental, se révèle-t-il comme un document généalogique complet à connotations historiques, et chacun des blasons qui le composent doit être apprécié quartier par quartier, indépendamment des autres.

LE HEAUME ET LE CIMIER

Dans l'armement défensif médiéval, le casque reste un élément vital, puisqu'il protège la partie la plus vulnérable du corps. Au XIe siècle, devant préserver le combattant des flèches qui sifflaient de toutes parts, il lui masquait la plus grande partie du visage, le rendant méconnaissable : en 1066, à la bataille d'Hastings, Guillaume le Conquérant, duc de Normandie, dut prendre le risque de relever son heaume pour se faire reconnaître et montrer à ses soldats qu'il était toujours vivant.

Vers 1200, on substitua au casque conique, destiné à dévier les coups d'épée, un casque au sommet aplati couvrant intégralement le visage. On y observe une fente destinée à la vision, un renforcement de la partie nasale, des ouvertures latérales permettant la respiration. Un confort appréciable fut apporté par l'adjonction sur la partie faciale de charnières permettant son ouverture à la façon d'une petite porte, puis d'une visière relevable par le haut, d'une manipulation plus aisée.

À partir du XIVe siècle, l'invention de la poudre, permettant de combattre l'ennemi à distance, bouleversera les pratiques militaires. Elle déterminera entre autres deux évolutions distinctes du heaume : la première restitue au casque une forme plus simple et adaptée au combat (c'est le *chapel de fer* encore appelé *chapeau de Montauban,* dont les larges bords protègent des coups d'épée, qui laisse le visage découvert et conserve à la tête toute liberté de mouvement) ; la seconde évolution vise pour sa part à une meilleure adaptation du heaume au tournoi (conçu pour la

Les Neuf Preux, écus et bannières armoriés.
Miniature extraite du « Chevalier Errant ».

Bibliothèque Nationale, Paris.

course à la lance, il deviendra effilé vers l'avant ; pour le tournoi à la masse, une large ouverture faciale munie de barreaux ou d'un grillage améliorera la respiration et la visibilité).

Le heaume conique du XIIe siècle était constitué d'éléments métalliques assemblés, dont le sommet offrait un joint que l'on pouvait munir d'ornements tels que crinières, plumes... Le heaume aplati se prêtait quant à lui à l'adjonction d'un décor plus complet : petits étendards, branches, cornes, le plus souvent assemblés en paires... Ce décor, dont peu de pièces ont résisté au temps en raison de leur fragilité, est appelé *cimier*.

LES LAMBREQUINS

Au couvre-nuque métallique, inadapté sous le climat torride du Moyen-Orient, les Croisés substituèrent une étoffe, plus légère et offrant une meilleure protection contre le soleil. De ces pièces de tissu plus ou moins longues, les artistes ont tiré un motif ornemental aux élégants effets de pliage ou de retombées, les *lambrequins*, qu'ils ont adaptés aux exigences plastiques de l'Héraldique.

LES ORNEMENTS EXTÉRIEURS

Si les blasons ont conservé longtemps un rôle militaire d'identification, leur représentation est devenue très tôt un art graphique à part entière, dépassant le cadre strict de l'écu. On remarque donc fréquemment que les blasons sont entourés de multiples ornements annexes, dits *extérieurs*, dont le rôle est soit de renforcer leur caractère somptueux, soit de marquer une dignité.

Au XIIe siècle, les artistes s'inspiraient de ce qu'ils voyaient : le chevalier ou son écuyer portant le bouclier fournissait aux illustrateurs des modèles quotidiens et vivants de tenants, qui ont évolué au fil des ans jusqu'à leur complète intégration aux armoiries. Les *tenants* peuvent être des chevaliers, des écuyers ou des serviteurs, mais aussi des saints ou des anges, des hommes « sauvages » ou toute autre figure humaine, seule ou en couple.

Les blasons peuvent également être maintenus par des animaux, réels ou imaginaires qu'on nomme *supports*. Le lion reste l'animal le plus utilisé pour ces *supports*, même s'il ne figure pas

Les composantes

a - cri de guerre
b - couronne
c - heaume
d - lambrequins
e - écu
f - supports
g - collier
h - devise

dans le blason. On observe de nombreuses variantes : lion unique ou en paire, couronné ou portant un heaume, et dans des attitudes multiples…

Les animaux fabuleux tirés des bestiaires médiévaux fournissent encore des modèles de *supports* largement exploités : griffons, aigles, dragons, licornes, sirènes, quadrupèdes de toutes sortes, ailés ou non…

Enfin, on parle de *soutiens* lorsque ce sont des objets inanimés qui encadrent le blason : colonnes, palmes, arbres et branches sont les *soutiens* les plus communément utilisés… En France, officiers et chefs militaires soutenaient traditionnellement leur blason au moyen des attributs de leur dignité. Ainsi, un connétable flanquait-il son écu de deux épées hautes (pointe en l'air) tenues par des mains sortant d'un nuage ; un maréchal disposait son blason sur deux bâtons en sautoir, un grand chambellan sur deux clefs d'or en sautoir, un chancelier sur deux masses d'armes d'or en sautoir ; un grand maître d'artillerie plaçait sous son blason deux canons sur leurs affûts ; un grand veneur flanquait son écu de deux cors de chasse…

Ornements fréquents en Héraldique, les *couronnes* marquent initialement la royauté. Puis, du XIIIe au XVe siècle, elles se normaliseront en fonction de la hiérarchie nobiliaire (roi, duc, marquis, comte, vicomte, baron)… Souvent refondues en raison de la valeur du métal qui les composait, ou dépossédées de leurs gemmes, peu de couronnes nous sont parvenues dans leur intégrité.

La *couronne murale* (*crénelée et maçonnée*) surmontant un blason caractérise l'autonomie d'une ville libre.

Rehaussant plus particulièrement les armoiries d'États et de chefs d'État, le *pavillon* semble apparaître au tout début du XVIIe siècle, et connaît, comme le *manteau* plutôt attribué aux princes, un succès considérable. Le pavillon héraldique s'inspire des vastes tentes souvent utilisées par la noblesse contrainte à une vie tumultueuse et itinérante. Sous ces structures de toile, prenant parfois l'ampleur de véritables pavillons démontables, se déroulaient rencontres officielles et négociations, dont la solennité était le prétexte d'un luxe parfois inouï. Le manteau pour sa part est directement inspiré du tabard porté par les hérauts, et reproduit généralement le contenu de l'écu sur ses parties latérales.

S'inscrivant au-dessous de l'écu, sur un phylactère ou un listel, la *devise* révèle en quelques mots le credo politique, social ou religieux de son titulaire, tel le célèbre *Dieu et mon droit* d'Henri V (1413-1422). Le *cri de guerre* au contraire se place dans la partie supérieure des armoiries. Il était à l'origine un signal sonore destiné à se faire reconnaître ou à rallier sa troupe dans la cohue des combats ou dans l'obscurité : on criait alors le nom de son chef ou de sa Maison, ou l'on avait recours à des cris de défi ou à des invocations : *Montjoie Saint-Denis* en France, *Santiago* en Espagne...

Les ordres chevaleresques ont produit des distinctions honorifiques, généralement associées à un *collier* (dont les maillons pouvaient également présenter une valeur symbolique), que le titulaire portait autour du cou. L'Héraldique reprend cette disposition naturelle, en plaçant le collier autour du blason, l'insigne en bas (dans le cas où le titulaire dispose de plusieurs colliers, on les représentera en fonction de leur rang, le plus important à l'extérieur, le moins élevé vers l'intérieur).

LA COMBINAISON D'ARMOIRIES

Simples à l'origine, les armoiries se sont compliquées dès lors qu'on voulut y faire paraître l'union de familles, des filiations diverses, ou la réunion de plusieurs territoires.

Jusqu'au milieu du XIIIe siècle, et afin d'éviter toute erreur, on ne combinait pas plusieurs blasons dans un écu unique. La pratique se limitait tout au plus à les mi-partir : on juxtaposait alors sur une surface unique la moitié dextre d'un écu et la moitié senestre d'un autre. Il en résultait des figures curieuses, soudées en leur milieu tandis que certaines pièces, telles que la croix, le chevron et toute autre figure asymétrique devenaient incompréhensibles par ce procédé.

Aussi a-t-on imaginé d'autres solutions permettant de combiner deux blasons. Dans un premier temps, on se contenta de placer l'un des deux blasons dans un petit écusson disposé en *cœur*, dans un *chef*, en *pointe* ou en

QUELQUES GRANDES FAMILLES

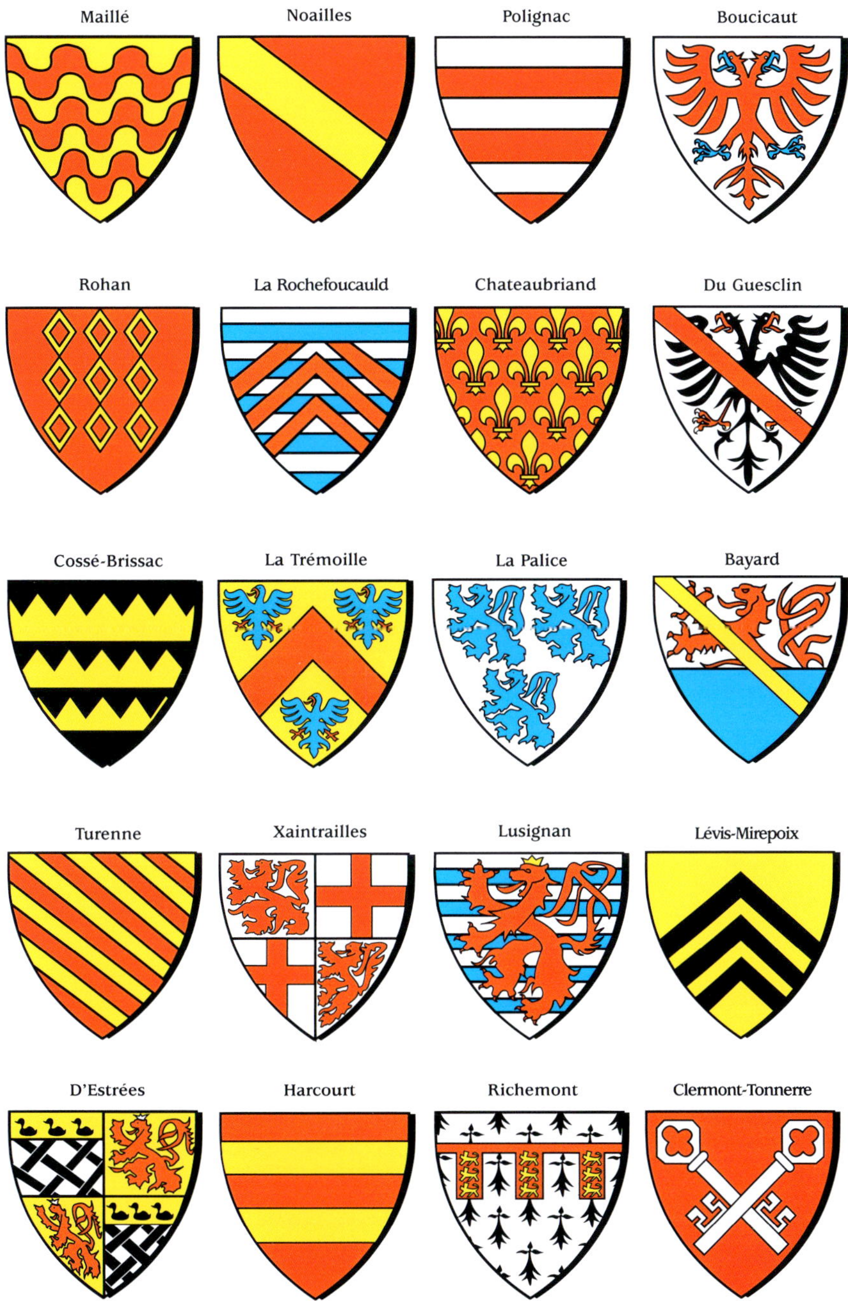

franc quartier. Mais c'est l'Espagne qui apporta une réelle solution : Ferdinand III, roi de Castille en 1217 et de Léon en 1230, réunit les armes de ces deux contrées dans un écu, en les répétant deux fois. L'exemple, innovateur, fut repris, généralisant l'emploi de l'écartelé, sans dépasser toutefois, jusqu'au XVe siècle, l'écartelé simple.

Pour ce qui concerne la transmission des armoiries, seul le chef de famille porte les armes pleines, les cadets et l'aîné (jusqu'à l'héritage) *brisent* leurs armes par modification des couleurs ou des meubles, par augmentation ou diminution, ou au moyen de figures appelées *brisures* : la *cotice*, la *bordure dentelée* ou *engrêlée*, le *lambel* (le lambel à trois pendants disposé en *chef* est particulièrement répandu en France). Les bâtards brisaient le plus souvent d'une barre ou par réduction des armes paternelles.

QUELQUES GRANDES FAMILLES

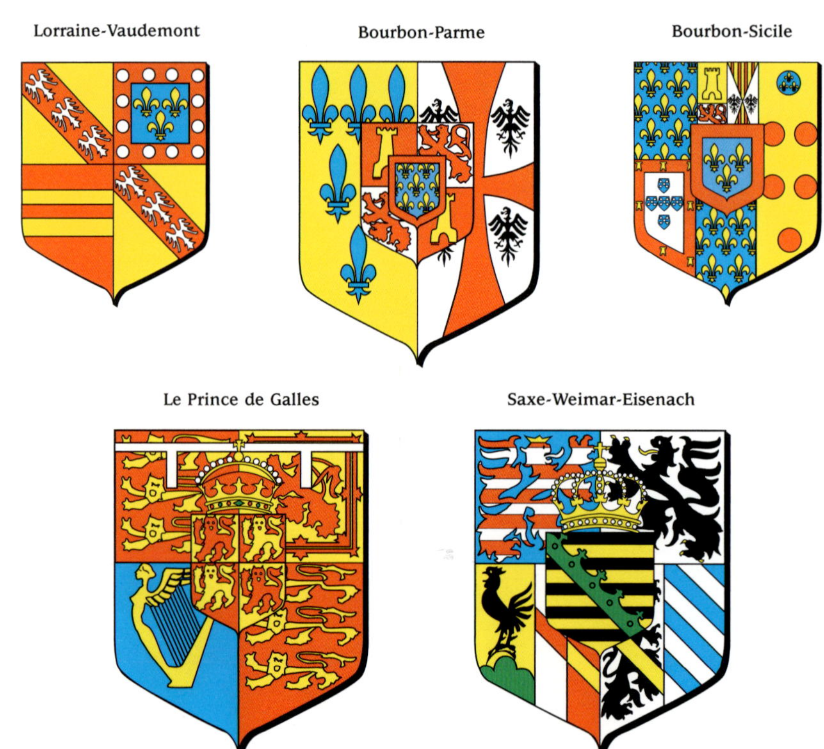

Héraldique féminine

Longtemps, la femme fut considérée dans la société féodale comme trop faible pour s'acquitter des devoirs seigneuriaux et ne put avoir accès au port d'armoiries. Les guerres, dont le Moyen Âge fut prodigue, occasionnèrent dans la noblesse de lourdes pertes, et obligèrent progressivement les femmes à suppléer leurs époux et à devenir héritières universelles. Dans les États qui n'étaient pas régis par la loi salique (loi excluant, comme en France, les femmes de l'accession au trône), ou dans ceux qui prévoyaient au contraire une telle éventualité (l'Angleterre, la Castille), la capacité héraldique ne posait aucun problème aux femmes.

Les armoiries féminines semblent apparaître dès la seconde moitié du XIIe siècle, ne touchant alors que la plus haute aristocratie, et gagneront à partir du XIVe siècle les femmes de roturiers. Elles comportent généralement les armes du père ou du mari. Il est donc courant d'observer deux écus accolés, qui sont le plus souvent la représentation d'un mariage. Mais ils peuvent également exprimer l'alliance d'intérêts territoriaux ou professionnels.

Héraldique ecclésiastique

S'ils conservent l'écu comme base de leurs armoiries, les gens d'Église remplacent le heaume et le cimier trop militaires par les insignes de leurs dignités : la mitre ou le chapeau de prêtre, muni de larges bords et de cordelières à glands dont le nombre et la couleur déterminent une hiérarchie, la croix de procession dont le nombre de traverses varie, la crosse.

Un cardinal affichera trente glands de couleur rouge, un patriarche trente glands verts. Pour sa part, un archevêque devra orner sa cordelière de vingt glands verts, tandis que l'évêque n'en présentera que douze également verts. Quant aux abbés et abbesses, une crosse surmontera leurs blasons. Les papes sont les seuls dignitaires ecclésiastiques à porter une couronne, appelée *tiare* ou *triregnum*, qu'ils placent au-dessus de leur blason.

L'écu d'un ecclésiastique reprend généralement les armes de sa famille. Mais l'Église ouvrant ses plus importantes dignités aux fils des familles les plus humbles comme à ceux issus de hautes lignées, des prêtres accédaient parfois à un rang supposant l'usage d'un blason dont ils pouvaient être démunis. Ils pouvaient alors en composer un (certains, profitant d'une homonymie, ne répugnaient pas à s'approprier les armes d'une famille illustre sans même y être apparentés), ou se contenter de reprendre les armes de la congrégation dont ils étaient issus, qu'ils enrichissaient des attributs de leur nouvelle charge.

Armoiries ecclésiastiques

a - couvre-chef
b - cordelière
c - glands (fiocchi)
d - écu
e - croix de procession

Plat aux armes de Clément VII. Deruta, 1523-1534. Au-dessus de l'écu, la tiare et deux clefs entrecroisées ou en sautoir, emblèmes de la dignité pontificale.
Musée National de la Renaissance, Écouen, photo Hervé Champollion.

Héraldique universitaire

L'héraldique universitaire, découlant des sceaux utilisés par les universités, se justifie par le fait que ces institutions devaient apposer, lors de grands congrès, leurs blasons sur les édifices qui abritaient ou recevaient les députations des corps académiques.

Les universités n'ayant pas d'obligations militaires, leurs armoiries ne comportent guère d'attributs guerriers, et puisent leur inspiration à des sources plus intellectuelles. Leurs blasons nous sont parvenus grâce aux armoriaux : il apparaît qu'ils combinent généralement armoiries locales et symboles d'érudition, dont le livre, souvent stylisé fermé, tient la plus grande place.

Héraldique municipale

Elle découle non pas d'une obligation guerrière mais d'une nécessité administrative. En effet, s'affranchissant des tutelles seigneuriales pour gagner un statut de communes libres, les villes ont rapidement affiché leur autonomie par l'organisation de leurs communautés et administrations en institutions identifiées par des sceaux.

Ceux-ci, subissant la mentalité religieuse médiévale, représentent souvent un saint patron, portant ses attributs ou dans l'attitude du martyr ; ils peuvent également présenter un relevé topographique approximatif de la ville, ou des figures parlantes. Symboles de la suprématie communale, ces sceaux sont à l'origine de l'héraldique municipale, même si leurs figures n'ont pas été systématiquement ou intégralement reprises dans les armoiries de la cité.

Point de ralliement des artisans et des commerçants, la ville a généré à partir du XIIIe siècle le développement des corporations, qui apposèrent sur des bannières les outils de leurs professions, et les confréries, à vocation plus spirituelle, qui privilégièrent la représentation de saints patrons. Ces figures, employées seules ou combinées avec les armoiries des villes, ont enrichi l'Héraldique d'innombrables compositions armoriales.

Pour leur part, les blasons des provinces trouvent leur origine dans le fait que les marques de reconnaissance personnelles d'un seigneur au combat devinrent les armoiries de sa famille et de son domaine, se transmettant au fil des générations jusqu'à devenir la marque inamovible d'une seigneurie ou d'une aire géographique plus ou moins vaste.

VILLES

Caen
Metz
Tarbes
Brest
Fréjus
Laon
Poitiers
Marseille
Strasbourg
Cherbourg
Angers
Tours
Saint-Flour
Rennes
Mulhouse
Chambéry
Lille
Amiens
Béthune
Alençon

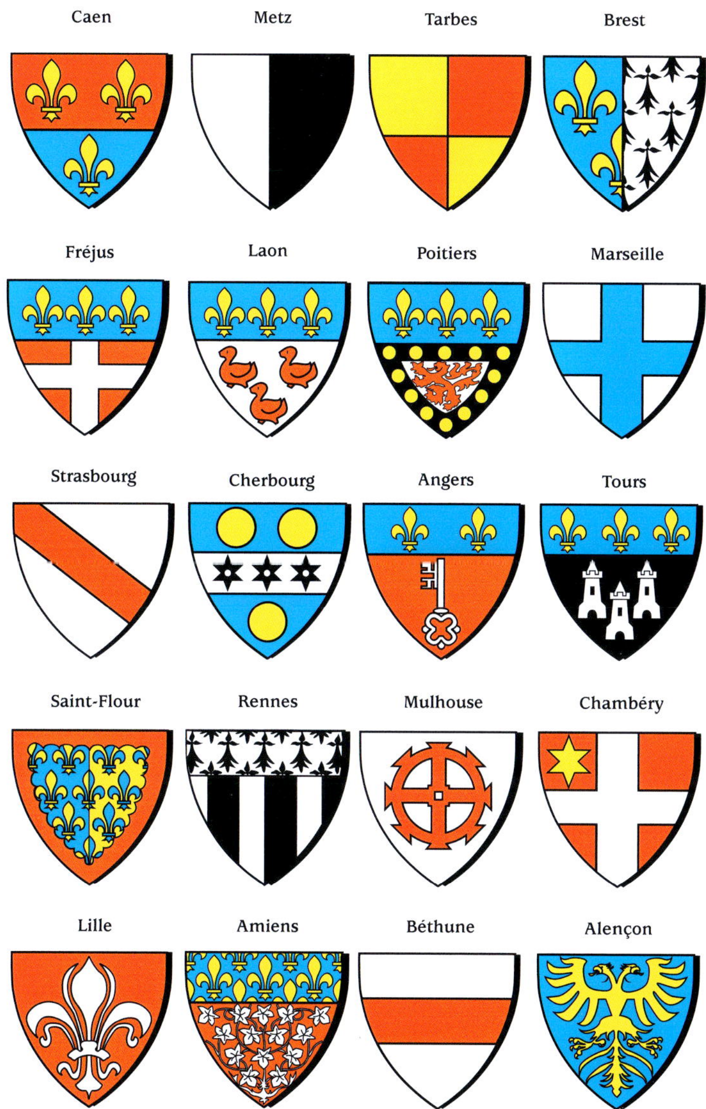

PROVINCES

Artois
Auvergne
Gascogne
Comté de Nice
Franche-Comté
Bretagne
Roussillon
Normandie
Nivernais
Bourgogne
Saintonge
Anjou
Guyenne
Picardie
Orléanais
Poitou
Bourbonnais
Aunis

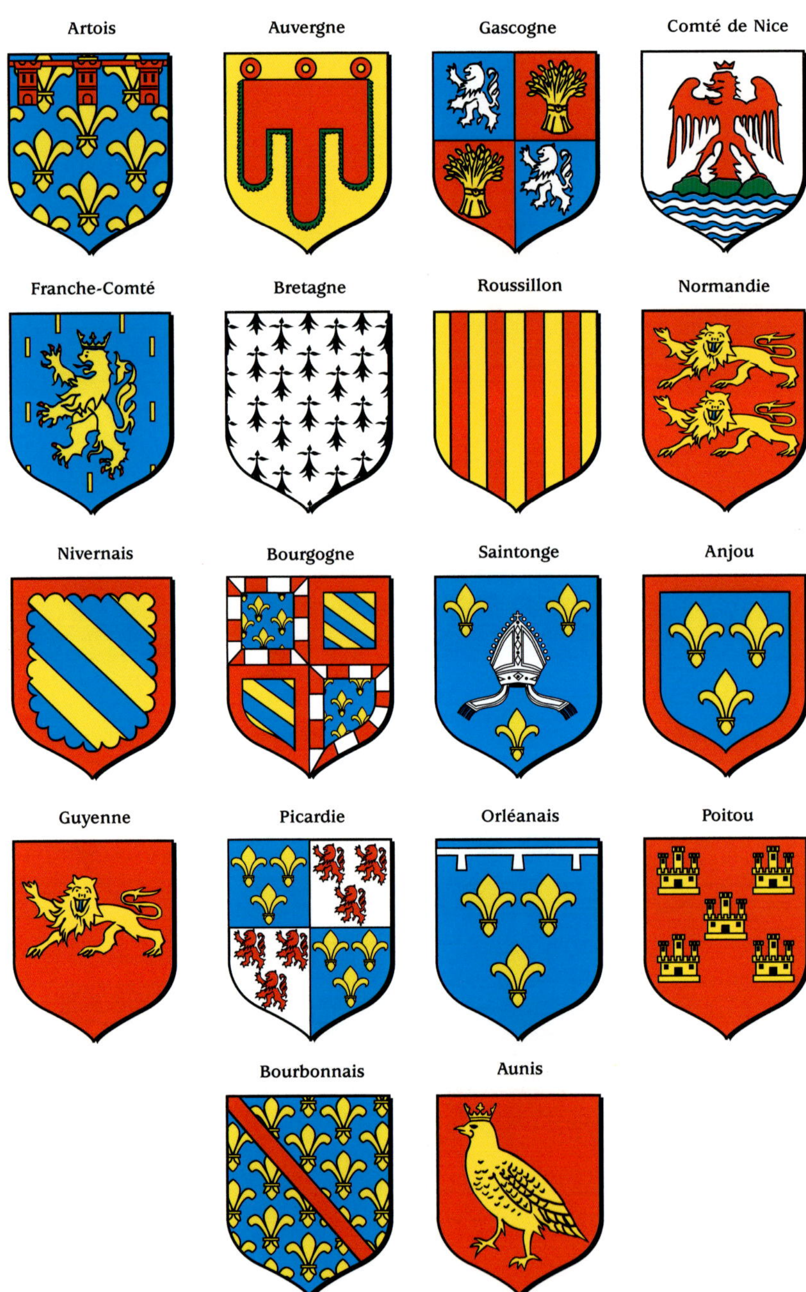

PROVINCES

Savoie
Maine
Comtat-Venaissin
Limousin
Berry
Languedoc
Dauphiné
Navarre
Provence
Corse
Flandre
Béarn
Touraine
Champagne
Ile-de-France
Alsace
Angoumois
Lyonnais
Lorraine
Comté de Foix

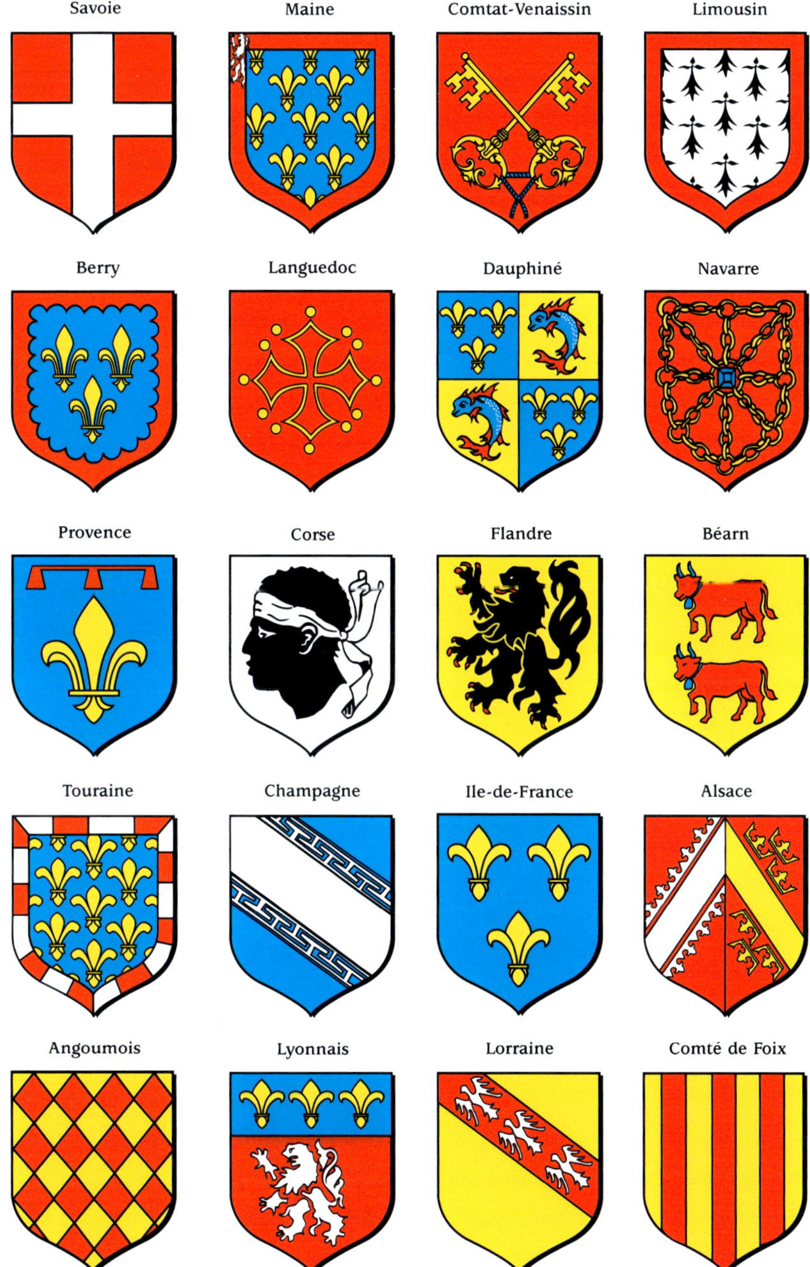

Héraldique d'Empire

Dès juin 1790, les Révolutionnaires partirent en guerre contre les blasons, généralement considérés comme signes de noblesse et de féodalité. Plusieurs décrets se succédèrent, ordonnant la suppression du droit aux armoiries et organisant une véritable chasse à l'Héraldique. Les particuliers, menacés de lourdes peines s'ils persistaient à faire usage des armoiries, durent gratter vaisselle et argenterie, marteler leurs linteaux de portes, retourner leurs plaques de cheminées... Une exception fut cependant tolérée pour les objets « intéressant les arts » : échappant aux mutilations, ils devaient être transportés au musée ou au dépôt le plus proche.

Le droit aux armoiries fut restauré en mars 1808, au profit de nouveaux titrés bénéficiant des libéralités de l'Empereur. Dans l'héraldique napoléonienne, les armes concédées sont transmises aux enfants du titulaire, à condition d'y effacer la marque de dignité ou de fonction qui s'y trouve.

Héraldique d'Empire

a - panache
b - toque
c - lambrequins
d - écu
e - manteau

Cinq degrés composent la hiérarchie d'Empire, dont on retrouve les attributs dans les blasons : princes et ducs (*chef*), comtes et barons (*francs quartiers*), chevaliers. Les anciens titres de marquis et de vicomte ne seront pas rétablis. Cette hiérarchie est aussi marquée par les émaux : *or* et *azur* pour les comtes, *argent* et *gueules* pour les barons. Elle apparaît encore dans les ornements extérieurs : toques et lambrequins dont l'ampleur varie, manteaux réservés aux dignités supérieures (princes, ducs, sénateurs).

L'héraldique d'Empire présente des écus très chargés et meublés d'attributs guerriers (grenades, glaives, sabres, canons...). Elle est strictement codifiée : les souverains portent un *chef d'azur à l'aigle impériale*, les grands dignitaires un *semis d'abeilles d'or*, le *chef* des ducs est de *gueules semé d'étoiles d'argent* ; les comtes ont un *franc quartier dextre d'azur* portant, suivant leurs fonctions, des signes d'or, les barons un *franc quartier senestre de gueules* avec des signes d'argent ; les chevaliers de la Légion d'honneur déposent leur étoile sur une *pièce honorable* de *gueules*, tandis que les non légionnaires remplacent l'étoile par un annelet. Des toques empanachées, dont le nombre de retombées et de lambrequins varie suivant les titres, supplantent la couronne.

Ce code héraldique, d'une précision draconienne (personne ne pouvait de sa propre autorité prendre des armoiries ou modifier celles qui lui avaient été octroyées), ne connaîtra qu'une application de courte durée : les chartes de 1814 et de 1830 rétablirent l'ancienne noblesse tout en maintenant la nouvelle. Il en résulta que les nobles de l'Ancien Régime retitrés par Napoléon retournèrent à leurs armoiries d'origine, tandis que les nouveaux, titrés par l'Empereur, s'empressèrent d'effacer de leurs blasons tout souvenir du droit impérial.

Emploi de l'Héraldique

Née il y a plus de neuf siècles à des fins militaires, l'Héraldique a offert très tôt des possibilités autres que l'identification des belligérants. Elle constituait en effet un moyen pratique et infaillible pour identifier et symboliser un personnage. Aussi l'a-t-on fréquemment utilisée en complément d'un portrait, d'une signature ou d'un monogramme. Son usage s'est très largement étendu à partir du XIVe siècle aux personnes morales et aux institutions nouvellement organisées.

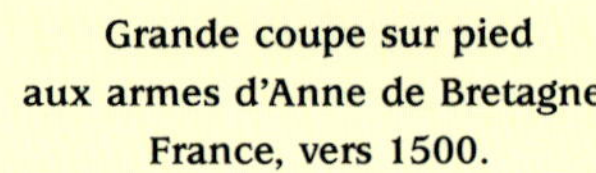

Grande coupe sur pied aux armes d'Anne de Bretagne, France, vers 1500. Musée National de la Renaissance, Écouen, photo Hervé Champollion.

La capacité héraldique ne fut jamais, sauf sous l'Empire, le privilège d'une classe sociale. Si les armoiries ont été inexistantes ou rares dans certaines couches de la société, c'est que celles-ci n'en ont pas ressenti le besoin ou en ont négligé l'usage. Le jurisconsulte Bartole confirme d'ailleurs, au milieu du XIVe siècle, le principe de la libre adoption et du libre port d'armoiries dans son *Tractatus de Insigniis et Armis*, traduisant un fait généralisé en Occident du XIIIe au XVe siècle. L'unique contrainte fut de ne pas s'approprier les armes d'autrui.

Château de Haut-Kœnigsbourg. Les armes de l'empereur d'Allemagne au-dessus de celles de Charles Quint. Photo Hervé Champollion.

Pavement aux armes de Montmorency : « d'or à la croix de gueules cantonnée de seize alérions », entourées du collier de l'ordre de Saint-Michel. Par Masséot d'Abaquesne, Rouen, seconde moitié du XVIe siècle. Musée National de la Renaiss… Écouen, photo Hervé Champ…

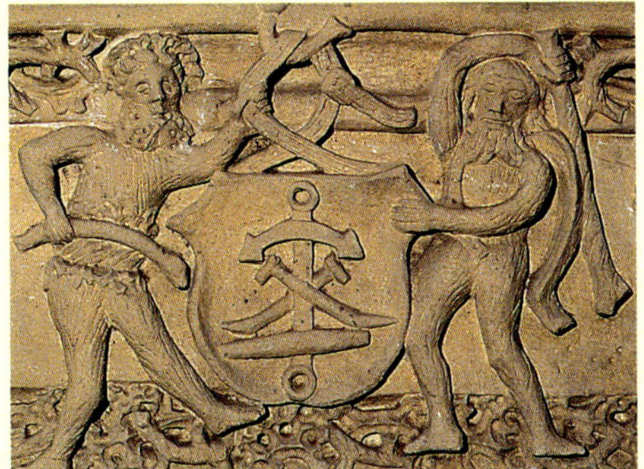

Château de Haut-Kœnigsbourg. Chambre lorraine, détail de la cheminée, copie de celle de la corporation des bateliers de Rettel. Photo Hervé Champollion.

Château de Chaumont-sur-Loire. Au-dessus de la porte de son logis, les armes de la puissante famille d'Amboise. Photo Hervé Champollion.

Pouvant être traitée en deux ou trois dimensions, l'Héraldique offre une relative souplesse d'interprétation qu'artistes et artisans surent mettre à profit. On retrouve donc des armoiries, sculptées en ronde bosse, dans la pierre des châteaux, manoirs et autres édifices, tant militaires que civils ou religieux. Peintes, elles figurent dans des fresques, portraits et autres compositions picturales. Elles enrichissent avec élégance les vitraux des grandes cathédrales et les verrières de modestes chapelles.

Pavement aux armes de France, par Masséot d'Abaquesne, Rouen, seconde moitié du XVIe siècle. Musée National de la Renaissance, Écouen, photo Hervé Champollion.

Château de Chaumont-sur-Loire. Présenté par deux « sauvages », l'écu de Charles II d'Amboise, gouverneur de Lombardie au XVIe siècle. Photo Hervé Champollion.

La reproduction des armoiries ne se limite pas aux seules compositions monumentales : elle s'est appliquée avec autant de succès à une multitude d'objets de dimensions moindres. Toutefois, le blason étant considéré comme une marque d'honorabilité, on a souvent limité son usage à l'ornementation de biens précieux. Aussi, à défaut de le remarquer sur des objets usuels, on l'observera fréquemment sur de très nombreuses pièces de valeur ou de prestige : vaisselle d'argent, d'étain ou de porcelaine, verres gravés, monnaies, mobilier, ex-libris, reliures…

Tant que la noblesse a détenu la fortune et le pouvoir, elle n'a pas manqué d'afficher sa condition, encourageant les artistes à apposer ostensiblement ses armoiries partout où cela était possible. Actuellement, des contraintes économiques limitent l'usage de l'Héraldique par ailleurs quelque peu oubliée, et les nouveaux détenteurs de la richesse réservent leur mécénat à d'autres secteurs. Toutefois, grandes institutions et sociétés commerciales renommées, disposant de budgets importants, perpétuent l'usage des armoiries, pour des raisons de prestige ou à des fins commerciales. En effet, il suffit de regarder autour de nous pour remarquer que nombre de capots d'automobiles, coffrets de cigares, boîtes de cigarettes, bouteilles de vin, emballages de fromages… sont rehaussés, avec plus ou moins de bonheur, de blasons ou de figures héraldiques. Malgré les siècles donc, l'Héraldique reste vivante et, depuis quelque temps déjà, elle connaît, comme la Généalogie à laquelle elle est étroitement associée, un regain d'intérêt prometteur.

Martyre de Thomas Becket. Voûtes et vitraux ornés d'armoiries.
Miniature des « Heures du Maréchal de Boucicaut ».

Musée Jacquemart-André, Paris, photo Bulloz. (Ci-dessous et page de droite.)

Le blasonnement

Employant des termes désuets ou disparus de notre vocabulaire courant, appliquant des règles strictes, le blasonnement vise à restituer la conception d'un écu, sans le recours au dessin mais avec précision et concision. Souvent, il apparaît comme une discipline complexe et hermétique ; quelques principes simples permettront pourtant au néophyte d'appréhender ce langage conventionnel et d'en apprécier l'harmonie.

RÈGLES ÉLÉMENTAIRES

Un écu se décrit d'une façon logique, *point par point*, du *chef* vers la *pointe* (de haut en bas) et de gauche à droite. Mais attention ! L'écu étant vu de face, *dextre* (droite) dans le blasonnement correspond à la gauche de l'observateur et *senestre* (gauche) à sa droite. Les figures ci-dessous et ci-contre indiquent l'ordre de description qui devra être adopté pour un blasonnement correct.

BLASONNEMENT

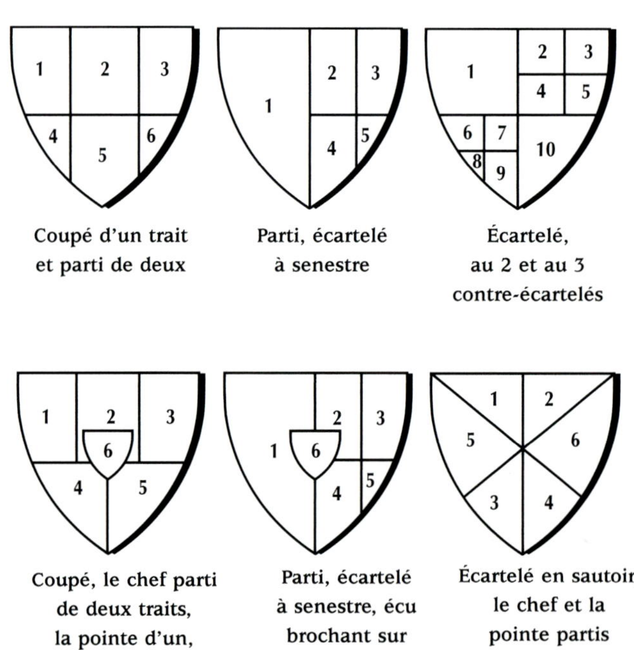

Coupé d'un trait et parti de deux

Parti, écartelé à senestre

Écartelé, au 2 et au 3 contre-écartelés

Coupé, le chef parti de deux traits, la pointe d'un, écu sur le tout

Parti, écartelé à senestre, écu brochant sur le parti

Écartelé en sautoir, le chef et la pointe partis

BLASONNEMENT

Sans partition ni meuble, un écu est dit *plain*.
De sinople plain.

Dans le blasonnement, ce sont les meubles les plus importants qui ont priorité pour l'énoncé.
De sable à la molette d'or accompagnée de trois macles d'argent.

On énonce en premier le champ de l'écu, puis les pièces qui le chargent.
De gueules à la clef d'or.

Une pièce est dite *chargée* par une figure.
D'or à la bande de sable chargée de trois annelets d'argent.

Une pièce qui passe d'un champ sur l'autre sans changer de couleur est dite *brochante*.
Parti d'azur et d'or à la barre de sable brochante.

Pièces et meubles accompagnés d'une figure unique sont dits *adextrés* ou *senestrés*, *accompagnés en chef* ou *en pointe*.
D'azur à l'arbre d'or sur une terrasse de sable, senestré d'un gland d'or.

Si une pièce change de couleur en passant d'une partie sur une autre, elle est dite *de l'un en l'autre*.
Parti d'or et de gueules à la coquille de l'un en l'autre.

Si une figure est coupée en partie par le bord de l'écu ou par un trait de partition, elle est dite *mouvante du flanc, du chef, de la pointe* ou *du trait*.
Coupé de sable à la fasce d'argent, et de gueules au lion mouvant (ou issant) de la pointe.

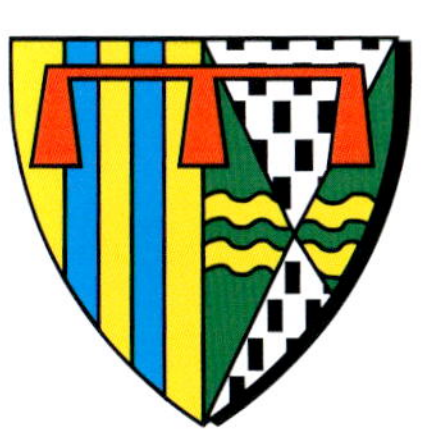

Si une pièce honorable broche sur une partition, on précise *sur le tout*.
Parti à dextre d'or à deux pals d'azur ; à senestre écartelé en sautoir : chef et pointe d'argent semés de billettes de sable, flancs de sinople à deux fasces ondées d'or ; au lambel de gueules brochant sur le tout.

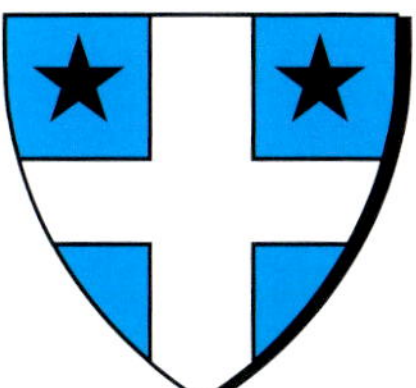

Si certains coins de l'écu seulement sont chargés, on les désigne.
D'azur à la croix d'argent cantonnée de deux étoiles à cinq rais de sable en chef.

Dans le cas où plusieurs pièces sont superposées, on les énonce en débutant par celles du dessous.
Gironné d'or et de gueules, chargé d'un écusson d'azur et surchargé d'une traversée d'hermine brochant.

Les *Pal, Barre, Bande* sont *accostés* par les pièces.
D'or au pal de sable accosté de deux quintefeuilles du même.

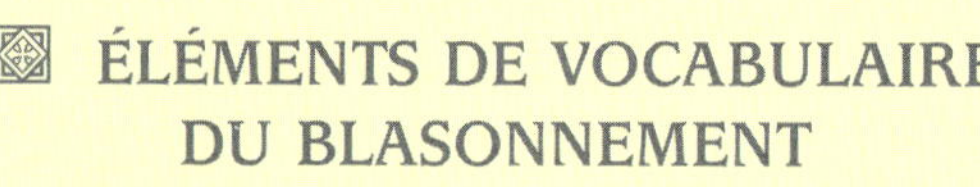

ÉLÉMENTS DE VOCABULAIRE DU BLASONNEMENT

Un quadrupède est dit :
animé de, denté de, armé de... lorsque la couleur des yeux, dents, griffes... est différente de celle du corps.
arrêté : debout sur les pattes.
adossé : dos à dos.
affronté : face à face.
contourné : dirigé vers senestre.
tourné : dirigé vers dextre.
issant : sortant à mi-corps d'un trait de partition ou du bord de l'écu.
naissant : représenté à mi-corps.
coupé : divisé horizontalement en deux parties.
couché : dans l'attitude du sommeil.
au repos : couché, tête haute.
accroupi : assis, ramassé.
passant : il marche vers dextre sur trois pattes, la quatrième dressée.
contrepassant : il marche vers senestre sur trois pattes, la quatrième dressée.
rampant : dans l'attitude du lion.
courant : au galop.
paissant : arrêté, tête basse, semblant brouter.
diffamé : sans queue.
morné : sans langue, sans griffe, sans queue.
lampassé : se dit de la langue.
couronné : portant une couronne.
colleté : portant un collier.
clariné : portant une clochette.
bouclé : portant un anneau au nez.
dragonné : dont la queue se termine en queue de dragon.
mariné : dont la queue se termine en queue de poisson.

On précise *arrachée* pour une tête sans corps vue de profil tandis que vue de face, il s'agit d'un *rencontre* (masculin en Héraldique). Toute surface ornée d'un échiquier, de vairs, de losanges... est dite *échiquetée, vairée, losangée*...

Figure héraldique particulièrement prisée, le lion adopte nombre de ces attitudes. On le dit encore *léopardé* s'il est passant, marchant sur trois pattes. Le *léopard* est une variante du lion ; marchant sur trois pattes, la quatrième dressée, tête vue de face, on énonce *léopard passant* ; s'il est dressé sur ses pattes arrière, tête vue de face, on dit *léopard lionné*.

Des oiseaux, on dit qu'ils sont :
animés de, becqués de, membrés de, langués de, onglés de... pour préciser la couleur des yeux, becs, pattes, langues, griffes, si celle-ci diffère de la teinte du corps.
arrêtés : ailes repliées.
essorants : ailes déployées, vus de profil.
descendants : volant vers la pointe de l'écu.
nageants : figurés sur l'eau.
adossés : dos à dos.
affrontés : face à face.
empiétants : tenant un objet.
diadémés : portant une couronne.
perchés : figurés sur un perchoir.

L'aigle à deux têtes est dite *bicéphale*, et *couronnée* si elle porte une couronne. Elle peut être, comme tout rapace, *mornée* si elle est représentée sans bec, sans langue et sans serre ou *désarmée* si les serres seulement ne figurent pas.

Les poissons sont dits :
animés, barbés, peautrés, écaillés... si la couleur de leurs yeux, bouches, queues, écailles... n'est pas celle du corps.
nageants : ils sont représentés dans les ondes.
pâmés : l'œil et la bouche fermés.
adossés : dos à dos.
affrontés : face à face.

Pour les végétaux :
tigé et futé : s'appliquent à la tige et au tronc.
feuillé : se dit du feuillage.

pampré : se dit du feuillage de la vigne.
fruité et fleuri : relatifs aux fruits et aux fleurs.
englandé : concerne les glands du chêne.

Un arbre peut être *terrassé* si ses racines sont enfouies dans le sol lui-même représenté ou *étagé* lorsque son feuillage est ordonné (on précise alors le nombre d'étages). Si son tronc est ébranché, on dit alors *écoté*. *Tiercefeuilles*, *quartefeuilles*, *quintefeuilles*, sont des fleurs à trois, quatre ou cinq pétales. *Engemmée*, une fleur présente en son centre une ouverture, laissant voir le champ. *Boutonnée*, son ouverture centrale est d'un émail différent de celui du champ ou de la fleur.

Parmi les astres, le Soleil, représenté généralement *rayonnant*, peut être *figuré* (orné d'un visage humain). *Levant*, il est mouvant de l'angle dextre du chef tandis que *couchant*, il sera mouvant de l'angle senestre de la pointe. Pour sa part, la Lune, pleine ou en croissant, peut être *figurée*. Ses croissants sont dits *versés*, *tournés* et *contournés* selon que leurs pointes sont dirigées vers la pointe, dextre ou senestre. Quatre croissants appointés forment un *lunel*.

Le corps humain offre également à l'Héraldique des figures que l'on énonce ainsi : un bras droit est appelé *dextrochère*, un bras gauche *senestrochère*. S'ils portent une arme ou s'ils sont recouverts d'une pièce d'armure, on les précisera *armés*, mais on dira *parés* s'ils sont recouverts d'un vêtement. Un membre stylisé coupé de façon non nette est dit *arraché*.

Le blasonnement appelle aussi des précisions pour ce qui concerne les objets fabriqués par l'homme. Ainsi, on dira :
haute : pour une épée pointe en l'air.
versée : pour une épée pointe vers le bas (ou pour tout autre objet dans cette position inverse et anormale).
accolés : l'un à côté de l'autre.
appointés : dont les pointes se touchent.
cordé : s'applique aux cordes d'un arc, d'une lyre ou d'une harpe...
empenné : se dit des plumes d'une flèche.
besant : disque de *métal*.
tourteau : disque d'*émail*.

Une arche ou un pont, une tour ou un château sont *maçonnés* lorsqu'ils montrent un décor imitant l'appareillage des pierres. On dit *ouvert* pour une porte et *ajouré* pour les fenêtres, si leur couleur diffère du champ... Nef, navire, galère... sont *habillés* si leurs voiles sont apparentes, et *voguants* s'ils sont figurés sur l'eau.

On qualifie de *besantée*, *billetée*, ou *fleurdelisée* toute surface semée de besants, billettes (petites pièces rectangulaires), ou de fleurs de lis.

L'Héraldique révèle un vocabulaire important (les quelques pages qui précèdent n'en sont qu'un mince aperçu), dont il serait vain de tout vouloir mémoriser. Par contre, nous retiendrons aisément la règle suivante : le blasonnement fait appel à un adjectif soit pour préciser une particularité que ne devrait pas posséder normalement la figure traitée, soit pour préciser que cette particularité est d'un autre émail.

Exemples :

Un château présentant des ouvertures (porte et fenêtres) d'une couleur différente du champ, on énoncera : *De gueules au château d'or ouvert et ajouré d'azur*.

Le chêne est habituellement figuré avec des glands. Si glands et chêne sont du même émail, on ne précisera rien. S'ils diffèrent, on énoncera : *Un chêne de sinople englandé d'or sur une terrasse de sable*.

Bibliographie

Bara (H. de), *Le Blason des armoiries*, Lyon, 1581, rééd. Paris, 1975.

Bartholoni (F.), *Guide du blason*, Paris, 1975.

Bouly de Lesdain (L.), *Un dictionnaire des figures héraldiques*, Paris, 1903.

—, *Études héraldiques sur le XIIe siècle*, Paris, 1907.

Demay (G.), *Le Blason d'après les sceaux au Moyen Âge*, Nogent-le-Rotrou, 1878.

Foras (A. de), *Le Blason. Dictionnaire et Remarques*, Grenoble, 1833, rééd. Paris, 1993.

Fourez (L.), *L'Héraldique, manuel d'initiation*, Liège, 1943.

Guigard (J.), *Bibliothèque héraldique de la France*, Paris, 1961.

Heim (B.B.), *Coutumes et droit héraldiques de l'Église*, Paris, 1890.

Inventaire général des monuments et des richesses artistiques de la France, *Les Armoiries. Lecture et Identification*, Paris, 1994.

Joubert (P.), *L'Héraldique*, Rennes, 1984.

La Roque (L. de), *Devises héraldiques traduites et expliquées*, Paris, 1890.

Louis (R.), *Armoiries des villes de France*, Paris, 1949.

Mathieu (R.), *Le Système héraldique français*, Paris, 1946.

Meurgey (J.), *Bibliographies des travaux relatifs aux armoiries des provinces et villes de France et de quelques pays étrangers*, Paris, 1920.

—, *Armoiries des provinces et villes de France*, Paris, 1929.

Meurgey de Turpigny (J.), *Armorial de l'Église de France*, Mâcon, 1938.

Neubecker (O.), *Le Grand Livre de l'héraldique*, Bruxelles, 1977.

Paillot (P.), *La Vraye et Parfaicte Science des armoiries*, Dijon, 1660, rééd. Paris, 1974.

Pastoureau (M.), *Les Armoiries*, Turnhout, 1976.

—, *L'Hermine et le Sinople. Études d'héraldique médiévale*, Paris, 1979.

—, *Traité d'héraldique*, Paris, 1993.

—, *Figures de l'héraldique*, Évreux, 1996.

Prinet (M.), *Les Usages héraldiques au XIVe siècle d'après les chroniques de Froissart*, Paris, 1917.

Arbre généalogique aux armes du Grand Bâtard de Bourgogne (1421-1504), miniature sur velin de Vrelant ou Vreylant.

Musée du Louvre, © photo RMN, J.G Berizzi.

Roure de Paulin (baron du), *Le Manteau dans l'art héraldique*, Paris, 1906.

—, *Des Tenants, Supports et Soutiens dans l'art héraldique*, Paris, 1910.

Saffroy (G.), *Bibliographie généalogique, héraldique et nobiliaire de la France*, 5 vol., Paris, 1968-1990.

Saint-Saud (comte de), *Armorial des prélats français du XIXe siècle*, Paris, 1906-1908.

Viel (R.), *Les Origines symboliques du blason*, Paris, 1972.

Waltz (J.J., Hansi), *L'Art héraldique en Alsace*, rééd. Nancy, 1975.

Remerciements

Tous nos remerciements au Musée Tessé du Mans (Sarthe) et au Musée National de la Renaissance d'Écouen (Val-d'Oise), pour leur contribution à l'illustration de cette monographie.

Cet ouvrage a été achevé d'imprimer en France par l'imprimerie Pollina à Luçon (85) - n° L44982
I.S.B.N 978.2.7373.1866.5 - Dépôt légal : février 1997
N° d'éditeur : 3255.07.1,5.01.08